# 新版 道徳教育の研究
── 子どもたちに生きる喜びを ──
〔第2版〕

大森 弘 著

成文堂

新版第 2 版まえがき

　文部科学省は、2008（平成20）年 3 月28日に、小・中学校の学習指導要領の改訂を、また2009（平成21）年 3 月 9 日に高等学校学習指導要領の改訂を行った。

　新しい学習指導要領の全面実施は、小学校は2011（平成23）年 4 月 1 日から、中学校は2012（平成24）年 4 月 1 日から、また高等学校は2013（平成25）年 4 月 1 日からとなっているが、移行措置として、内容の一部を先行して実施することとしている。特に小・中学校では、道徳、総合的な学習の時間及び特別活動については、その内容の全部にわたって、2009（平成21）年 4 月 1 日から実施されることになった。

　そこで本書についても、新しい学習指導要領に依拠した改訂が必要となり、従来の内容を見直して加除訂正を行い、資料も差し替えて、新版第 2 版とした次第である。

　　平成21年 3 月

　　　　　　　　　　　　　　　　　　　　　大　森　　　弘

新版まえがき

　文部省は、1999（平成11）年6月3日に、現行の学習指導要領から新学習指導要領に移行する経過期間に必要な教育上の特例措置、いわゆる「移行措置」について告示をした。それによると、小・中学校の総則、道徳、特別活動や、高等学校の総則、特別活動などは、早くも2000（平成12）年度から新学習指導要領の規定によって実施することとされている。

　それを受けて、昨年出版した拙著についての改訂を急ぎ、現行の学習指導要領をもとに新学習指導要領を見通して記述した内容を、新学習指導要領だけをふまえた記述として整理し、また第7章の追加や資料の差し替えなど全体を通しての加筆訂正も行って、新版としたしだいである。

　（したがって本文や注における「学習指導要領」は、原則として新学習指導要領を示す。）

　平成12年7月

　　　　　　　　　　　　　　　　　　　　　　　大　森　　　弘

まえがき

　「人間であることは人間となること」という言葉がある。たしかに人間は生まれたままでは人間にならない。そこに人間となるための働きかけとしての教育の必要性がある。「人間となる」とは、人間らしい心をはぐくむことであり、尊重されるに値する人格をつくりあげることとも言えよう。だから、人間となることに道徳的な価値が大きくかかわることは明らかである。その意味で、教育の根本は人間をつくる道徳教育であると考える。

　第二次世界大戦が終ってすでに半世紀を越える時間が経過したが、我が国は道徳的に深刻な問題が続出する状況にある。しかし、今もなお道徳教育という言葉を軍国主義や全体主義のイメージと結びつけて嫌悪し否定しようとする人々がいることは、きわめて残念なことと思う。言葉上のフィーリングにこだわることなく、道徳教育は人づくりの教育、人間教育であるという実質を重視して、未来へのかけ橋となる道徳教育を推進していくために、みんなで手をたずさえて歩んでいくことを期待したい。

　本書は、我が国の今日的状況をふまえて、道徳教育の理論と学校における実践について、私なりにまとめたものである。前半の第1・2・3章の内容は、既刊の拙著『学校における道徳教育とカウンセリング』（オーロラ社、平成5年）と一部重複するところもあるが、大部分は新しく書き下ろした。後半の第4・5・6章はすべて初出の内容である。全体を通して筆を進める意欲を支えたのは、人間として生きる喜びを実感できる子どもたちが育ってほしい、という願いであり祈りであった。

　そうした私の執筆作業に平行して、国レベルでは学習指導要領の全面改訂が進み、新学習指導要領に基づく新教育課程が、小・中学校では平

成14年度から全学年で、また高等学校は15年度から学年進行で実施されることになった。そこで本書も、それを見通した内容とするため、予定以上の時間と労力を費やして、ようやく脱稿に至った次第である。なお、資料として現行及び新しい学習指導要項の関連部分、並びに学校における道徳教育の指導計画・指導案等の多様な具体例を収録した。

　このささやかなまとめが、やがて教師を志す学生諸君はもちろんのこと、広く道徳教育に関心をもつ人々の思索と実践のために、少しでも役に立つことができれば幸いと思う。

　おわりに、本書の内容について直接間接にご教示をいただいた勝部真長先生（お茶の水女子大学名誉教授）と高橋史朗先生（明星大学教授）、研究仲間として私の思索を支えてくださった日本道徳教育学会横浜支部の方々、また具体的な資料を快く提供してくださった先生方、さらに手のかかる出版を引き受けてくださった成文堂の関係諸氏に対して、心からのお礼を申し上げたい。

　　平成11年4月

　　　　　　　　　　　　　　　　　　　　大　森　　　弘

目　　次

新版第2版まえがき
新版まえがき
まえがき

第1章　道徳教育の基礎 …………………………………… 1
第1節　道徳とは何か ……………………………………… 1
　1　人間と道徳 …………………………………………… 1
　2　道徳の語源的意味 …………………………………… 3
　3　道徳の目的原理 ……………………………………… 4
　4　道徳の普遍性と特殊性 ……………………………… 5
第2節　道徳教育とは何か ………………………………… 7
　1　人間と教育 …………………………………………… 7
　2　道徳教育の意義 ……………………………………… 8
　3　道徳性の発達と道徳教育 …………………………… 9
　4　道徳教育の方法原理 ………………………………… 10

第2章　道徳教育の深化 …………………………………… 16
第1節　道徳教育と感性教育 ……………………………… 16
　1　道徳教育の研究 ……………………………………… 16
　2　道徳的主体性とは何か ……………………………… 16
　3　道徳性と情操・感性 ………………………………… 19
　4　情操・感性と大脳 …………………………………… 21
第2節　道徳の根元と心の教育 …………………………… 24

1　道徳の根元としての生命情操············24
　　2　生命情操と生きる喜び············25
　　3　道徳教育とカウンセリングと心の教育············27

第3章　現代と道徳教育············32
第1節　現代社会と道徳教育············32
　　1　現代の社会············32
　　2　民主主義の精神············33
　　3　科学と道徳············34
第2節　我が国の道徳教育············35
　　1　戦前の道徳教育············35
　　2　戦後の道徳教育············36
　　3　現状の反省と課題············38
第3節　諸外国の道徳教育············42
　　1　アメリカ············42
　　2　イギリス············43
　　3　ド イ ツ············44
　　4　ロ シ ア············45
　　5　中　　国············46
　　6　韓　　国············47

第4章　学校における道徳教育············53
第1節　学校における道徳教育の位置づけ············53
　　1　学校の教育活動と道徳教育············53
　　2　学校における道徳教育の特質············55
第2節　道徳教育の目標と内容············57
　　1　道徳教育の目標············57

2　道徳教育の内容 …………………………………………… 60
　第3節　道徳教育の計画と実践 ………………………………… 62
　　1　道徳教育の全体計画 ……………………………………… 62
　　2　学級における指導計画 …………………………………… 66
　　3　道徳の時間の年間指導計画 ……………………………… 67
　　4　道徳の時間の学習指導案 ………………………………… 70
　　5　道徳の時間の指導 ………………………………………… 74
　第4節　道徳教育の評価 ………………………………………… 75
　　1　道徳教育における評価の意義 …………………………… 75
　　2　道徳教育における評価の観点と方法 …………………… 75

第5章　道徳教育と生徒指導 …………………………………… 83
　第1節　道徳教育と生徒指導の関係 …………………………… 83
　第2節　道徳教育と生徒指導の共通性 ………………………… 84
　第3節　道徳教育と生徒指導の相違性 ………………………… 84
　第4節　道徳教育と生徒指導の相補性 ………………………… 85

第6章　道徳教育と教師 ………………………………………… 87
　第1節　教師をめぐる今日的状況 ……………………………… 87
　第2節　教師に求められる基本的資質 ………………………… 88
　第3節　教師の留意すべき諸問題 ……………………………… 90
　　1　理解さえすればよいのか ………………………………… 90
　　2　ほめるだけでよいか ……………………………………… 91
　　3　結果がすべてか …………………………………………… 92
　　4　学級は担任のものか ……………………………………… 93
　　5　善意は免罪符になるか …………………………………… 95

第7章　道徳教育と家庭・地域（社会） …………98
第1節　学校・家庭・地域（社会）の連携 …………98
第2節　家庭における道徳教育 …………100
1　親と子の人間関係づくり …………100
2　基本的生活習慣のしつけ …………101
3　生命情操の基礎づくり …………102
4　自立への援助 …………103
第3節　地域（社会）における道徳教育 …………105
1　体験の機会の充実 …………105
2　家庭への子育て支援 …………107

資　料　編
資料1　教育基本法・学校教育法 …………115
資料2　道徳教育に関する学習指導要領（平成20・21年）の内容 …………123
資料3　「道徳の内容」の学年段階・学校段階の一覧表 …………156
資料4　小・中学校における道徳教育の指導計画の例 …………158
資料5　道徳の時間の授業参観時の記録の例 …………205

第1章　道徳教育の基礎

第1節　道徳とは何か

1　人間と道徳

　理髪店でひげをそってもらう時、私たちは体を上向きにして目をつぶり、相手のカミソリの動きにすべてを任せている。少し疲れていると、眠気さえもよおすことがある。その場合、もしかすると相手がカミソリを逆手にもって切りつけるかもしれないなどという不安があったら、とてもじっとしてはいられないであろう。それが両目をつぶったままいっさいを任せきって、平静な、むしろ心地よい気持でいられるのは、自分を故意に傷つけるようなことは絶対にしないと相手を信頼しているからである。また理髪店の人も、客からの信頼にこたえて、絶対に傷つけてはいけないという注意を絶えずはらっている。つまり両者の間には暗黙のうちに人間関係の一つのルールが守られていると言える。人間の社会には、このようなルールがいろいろと存在しており、だれもがそれを了解し、守ろうとしている。だからこそ、たくさんの人々が共同して生活を営むことができるのである。

　古くから言われるように、人間は社会的動物であり、一人では生きていくことができない。最近の人間科学の成果も、人間の本能として、食欲・性欲のほかに、集団をつくろうとする集団欲(1)がとても重要であることを実証している。人間が集団をつくっても、成員各自が自分の好きな

ように勝手に行動していたのでは、すぐ他人に迷惑をかけたり他人と衝突したりして、社会生活を自ら破壊してしまうことになる。各人が自分の集団欲を満足させ、幸福に生きていくためには、各人が自分の自己中心的な衝動をおさえて、一定のルールを守ることが必要である。このように人と人との望ましい関係を維持するために社会の成員の行動を規制する基準を社会規範という。社会規範には、道徳・法律・慣習などがある。

　冒頭の例話は、私たちが道徳なしには一日も生活できないことを示したものである。私たちは自由に行動し、個性の実現を図りながら、しかも常に共通の道徳に従い、道徳を守って生きているのである。道徳も社会規範の一つにほかならないが、道徳的行為という場合は、他の社会規範における行為とは異なった面をもつ。法律（法）は社会の成員に対して強制力によって一定の行為を命じ、もしくは禁じるものであり、「法は最小限の道徳」と言われる。また慣習は特定の社会の成員が永続的に守っている自然発生的な行動様式であり、法律と同様に通常は心の持ち方よりは外面的な行為の仕方が要求される。

　道徳でも法律や慣習と同じく具体的な行為を問題とするが、法律・慣習と違うところは、現象としての行為以上に、それを生ぜしめた動機が重視されることである。人間だけは外部からの拘束がなくても、善をなし悪を退けようとする自発的・内面的・主体的な動機（良心・善意志などと言われる）をもっている。溺れかかっている人を見たら、それが赤の他人であっても、また自分が泳げなくても、なんとかして救おうとするのが正常な人間である。「溺れかかった人は救助すべし」という法律がなくても、救わなければならないと思い、救おうと行動するところに人間の尊さがあり、人間としての誇りも生まれる。カントは、このような純粋な内面的動機によって善をなそうとすることを道徳性(morality)とよび、そうした動機を伴わない行為が結果として道徳（法）にかな

うことを適法性（legality）とよんで、両者を厳しく区別している。[3]

このような道徳的な心の働きは、アランが「すべての男も女も、生まれて死ぬまで、道徳の先生であり教師であって、しかも決してまちがえることなどないのです。」（『教育論』）と述べている通り、通常は生まれつきだれもが持っているし、また常時働くものである。さらに世界の四聖の一人である孔子が、「徳は孤ならず、必ず隣有り。」（『論語』）と言っているように、道徳は孤立するものではなく、必ず隣人（親しい仲間）ができ、共存共生の人間関係を支えるものなのである。

動機という点を重視して道徳を考えると、道徳は、お互いに他を尊重し、他の幸福を思いやって、自分の欲しないことは、他にもしないように心がけるところに成り立つ。つまり道徳は人間尊重の精神に基づくものであり、人間の実践にかかわる善悪・正邪の内面的な基準である。カントは道徳のことを自然の世界の自然法則に対比して、人間の世界の道徳法則（または道徳律）とも言っている。自然法則は、初めから私たちに与えられているのであり、私たちが思考によって認識していくものであるが、道徳法則は守るべく私たちに課せられているのであって、私たちが実践によって実現していくものである。その意味で、自然はあるもの ── 存在（Sein）── であり、道徳はあるべきもの ── 当為（Sollen）── であると言えよう。すなわち道徳とは、善悪の基準それ自体と、その基準にてらして善い価値を創造しようとする実践そのものを意味する言葉である。

2　道徳の語源的意味

それでは、「道徳」という言葉は、もともと語源的にどのような意味をもっているのであろうか。まず「道」とは、すべての人が往来する所である。元来孤立している人々を結びつけるものであり、大勢の人々の意向によって自然にできるものである。これは、「歩く道」だけにとど

まらず、人間の生き方を示す「人の道」でもある。つまり「道」とは、人間としての正しい生き方を意味する。「倫理」という言葉も、人の間の秩序・筋道ということで、同じような意味と解してよかろう。

次に「徳」とは、中国の古典（『礼記』）に「徳は得なり」とあるように、身に得ることである。身に得る（体得）とは、内面的な本性が十分自覚され、外面的な行為として生き生きと実現されている状態と解される。「徳」に対応するギリシア語のアレテー（arete）、ラテン語のヴィルッス（virtus）は、ともに人間としての能力や技能といった意味を含んでいる言葉であり、漢字の語義を裏付けている。

さらに道徳にあたる英語のmoral、ドイツ語のMoralなどの語源であるラテン語のmoresは、社会の慣習という意味をもつ言葉である。

以上のようなことからも、道徳が社会的・外在的な意味をもつ規範（道）と、実践的・内在的な意味をもつ体得（徳）とが統合し融合しあったものであることが理解できる。そして、人間が道徳的に生きる特性としての道徳性とは、人間としての資格（人格性）を評価する尺度であり、道徳的能力とも言うことができる。

3　道徳の目的原理

カントは、「同時に義務でもあるような目的は何か……それは次の二つである……一つは自己自身の完成であり……いま一つは他人の幸福である……」と述べて、自己の完成と他人（社会）の幸福は道徳の究極の目的であり、同時に義務である ── 徳義務（Tugendpflichten）── と言っている。彼によると、人間は平素ついこの逆の方向で考えやすい。すなわち自分の幸福はもっともっと促進されるべきであり、他人はもっともっと道徳的に完成されるべきであると。それは、自分に甘く他人に厳しいということであり、人間性への鋭い指摘とも言える。たしかにすべての人がそう考えて行動したら、社会生活は成り立たないであろう。

しかし、こうしたカント的な考え方は、一般に厳粛主義と言われる通り、人々に道徳というものの厳しさとともに、堅苦しさや束縛を感じさせ、ややもすれば遠い過去の遺物のように敬遠されがちである。

いったい、「自己の完成」を目的とするとは、どういうことであろうか。それは、だれもが完璧な人格の所有者になることではない。また、自分自身が幸福になることを否定するものでもない。それは「他人の幸福」とともに、自分の幸福も目指すことである。言い換えれば、人間社会の中で、少しでも人間らしく生きようと心掛けることにほかならない。そして、「人間らしく生きる」とは、次のような二つの側面を持つ。第一は、一人では生きられない社会的存在として、また自然の恩恵なしには生きられない存在として、常に自分の周囲に共感的に接し、他人の幸福の促進と自然の愛護に努めるということであり、第二は、独自な個性を持つかけがえのない存在として、他人や自然とのかかわりを保ちつつ、積極的に自分を実現していくということである。

このことは、さらに言い換えれば、自他（自然とのかかわりも含めて）の「いのち」のつながりを自覚した上で、他を生かしつつ自分を生かすという価値ある自己実現であり、自己創造と言うことができよう。そうした自己創造によってこそ、利己的な快楽の満足とは違った、人間らしい本当の幸福感や喜びが生まれるはずである。道徳のめざす根本的な目的（目的原理）は、そうした「生きる喜び」を求めることと考える。

4　道徳の普遍性と特殊性

私たち人類の祖先は、昔から道徳や倫理について真しに考えてきた。人間としての在り方生き方は、時代と場所に応じて、生きていくことの指標として具体的内容で徳目化されたのである。次にその例のいくつかを挙げてみよう。

① 　ギリシアの思想 —— Platon

知恵・勇気・節制・正義（四元徳）⁽¹⁰⁾

② キリスト教の道徳 ―― パウロ

信仰・希望・愛の三元徳と、それに至る道としてのギリシアの四元徳。⁽¹¹⁾

③ 仏教の道徳 ―― 仏陀

中道・慈悲⁽¹²⁾

④ 儒家の道徳 ―― 孟子

父子親あり、君臣義あり、夫婦別あり、長幼序あり、朋友信あり。⁽¹³⁾

⑤ 日本古来の道徳 ―― 古代日本人

清明心・正直⁽¹⁴⁾

⑥ 資本主義社会の道徳 ―― フランクリン

節制・沈黙・規律・決断・節約・勤勉・誠実・正義・中庸・清潔・平静・純潔・謙譲⁽¹⁵⁾

　このような具体的な徳目は、その時その所においては、たしかに妥当性をもった「人の道」であると言えよう。人間の思想のあゆみは、道徳の具体的内容が時代や社会と関係して変わるものであることを示している。人間が歴史的社会的存在である以上、真剣に求めて得た道徳が、その社会や時代に規定された相対的なものであるのはむしろ当然である。その意味では、今日の我が国においては、今日の我が国に妥当な徳目が考えだされるべきなのである。

　といっても、道徳に普遍性がなければ、それは真の道徳たりえないのではなかろうか。つまり道徳は、変わる面（特殊性）と変わらぬ面（普遍性）をもっているということである。その観点からみれば、人間尊重の精神に基づき、社会の幸福と自己の完成を図ることが、道徳の原理として普遍的であると言えよう。さらにそれは、単に抽象的な徳目としてだけでなく、人間の生きる態度に結びつけて考えるべきである。道徳の普遍の本質は、私たちが社会の幸福や自己の完成を目指して、よりよく

生きるにはどうしたらよいかの問いを絶えず自分自身に課し、それに答えて行動しようとする主体的な態度に見いださねばならない。それこそ道徳の根幹であって、徳目で示されるような具体的内容は、その時代その社会に実った果実にすぎないのである。それにもかかわらず、ややもすれば大切な根幹を忘れ、果実のみの比較にすべてをかけている場合が非常に多いのではないだろうか。

　要するに道徳を考える際は、普遍的な原理の基盤の上に、時代と風土の中の特殊性を追求していくことが肝要である。

第2節　道徳教育とは何か

1　人間と教育

　道徳教育とは、文字通り道徳を教育することである。これまで述べてきたのは、「道徳とは何か」という問題であった。そこで、これからは教育に結びつけて考えていこう。ポルトマンは「人間は生理的早産」(16)であると言う。生まれてくる赤ん坊の内臓や筋肉は一応出来上がって働いているが、脳はまだきわめて未熟で、あと一か年ほど母親の胎内にいないと、サルの赤ん坊の脳と同じくらいに発達しないというのである(17)。つまり、私たち人間の赤ん坊は、やがて人間として成熟し発達する可能性をもつ存在なのである。生まれたままで放っておくと、人間の赤ん坊は人間になることができない。1799年に南フランスの森で発見された野生児(18)や、1920年にインドのカルカッタ付近の森で発見された狼少女（狼といっしょに育った子ども）は、生まれてから人間社会と全く隔絶されて成長した珍しい実例であるが、この少女は野生動物のような性質で、四つ足で地をはい、衣服を着ることをきらい、うなり声を出すだけで、人間を理解することができなかった。発見後、熱心に教育されたが、な

かなか人間らしくならなかったという。[19]

　教育は、人と人との間になりたつ機能である。人間に教育がないと、鳥獣に等しいものとなってしまう。人間が人間となるために、教育は欠くことのできないものである。ランゲフェルドが言っているように、人間は「教育されなければならない動物」なのである。[20]孔子はすでに2500年も前に「教え有りて類無し」（『論語』）と言っている。[21]これは、人間はすべて平等で、同じように文化への可能性をもっているので、だれでも教育を受ければ伸びていくということである。この言葉も、人間にとっての教育の重要性を指摘したものにほかならない。

2　道徳教育の意義

　教育の目標は、生まれたままの人間を真の人間にすることであり、人間を人格的に完成させることである。我が国の教育基本法第1条にも「教育は人格の完成をめざし……」と明示されている。[22]人格的完成を目指すこととは、道徳的価値を追求し、その実現に努力することであり、道徳的存在として完成することを目指すことである。それは人間たることの根底であって、個性の差を超えて、あらゆる人間に共通の基礎条件である。人をして人たらしめる機能としての教育において、人間を道徳的たらしめることは、その最も根本的な機能と言わなければならない。つまり教育は、本来的な意味において道徳教育にほかならないのである。これは広義の道徳教育と言えよう。

　また道徳性を人間の能力の一面として考えても、それは初めから十全な働きを現わすものでなく、教育されなければ可能性として存在するだけである。子どものそのような道徳的能力を引き出し、最大の発達をはかることが必要である。ここに狭い意味の道徳教育が成立する。狭義の道徳教育は、単に道徳についての知識や理論を授けることではない。また単に社会の慣習や既成の道徳を与えて、そうした枠組によってのみ行

動するよう指導するということでもない。道徳教育とは、真の道徳を創造的に実践することのできる能力の発達を援助する働きである。言い換えると、道徳的能力の活動を妨げているものを取り除き、その活動に気づかせ（自覚化）、その活動を促進（実践化）させる教育活動である。

自分の道徳性について自覚させることは、なにも精神的な不自由さや苦痛を意識させることではない。前節で述べた「生きる喜び」に結びつけて言えば、道徳教育は、人間として生きる喜びの意味を見出し、それを主体的に求めて生きようとする態度と能力（生きる力）を育成することである。そうした意味での道徳的主体性を確立させることに、道徳教育の意義があると言えよう。道徳教育の意義については、その語感や過去の在り方から考えるのでなく、現在から将来へむかっての新しい意味づけによって考えられなければならない。

3　道徳性の発達と道徳教育

道徳性とは、人間としての望ましい在り方生き方をめざした実践を可能にする人格的特性であり、人格の基盤をなすものである。そして、一般的には、道徳的心情、道徳的判断力、道徳的実践意欲と態度といった内面的資質が、道徳性を構成する要素と言われている。(23)これまでに述べてきた道徳的能力とか道徳的主体性という言葉は、この道徳性のことを特別に意味づけて表現したもので、別のものではない。

このような道徳性は、人間がもともと素質的・潜在的に持っているものであるから、自然に、または一挙につくられるものではない。道徳性の育成・確立は、人間にとっての発達課題の主要なものである。

人間の発達課題とは、人間のライフサイクルにみられる各発達段階ごとに達成が期待される課題のことである。発達段階は、ふつう乳幼児期・児童期・青年期・成人期・高齢期などと区分される。(24)そして、最も根本的で生涯を通して終りのない「人格の完成」という課題にむかっ

て、各発達段階ごとにいくつかの課題が考えられ、ある段階の発達課題の達成具合が、次の段階の発達を規定する。道徳性も発達段階ごとに発達課題が考えられ、特に青年期までの発達課題の達成が重要である。

　一般に、人間の発達課題は、外部からの適切な働きかけがあって、それに内面的・潜在的な素質がよく呼応した時に、十分な達成が図られる。道徳性（道徳的主体性）の育成も、一つの発達課題である以上、外部から道徳性の諸要素の育成を促進させる働きかけがあって、初めてその十全な発達が期待される。その働きかけが道徳教育にほかならない。道徳は教えられるかという問題が古くから言われてきたが、このように考えれば、道徳教育は可能であり、かつ必要不可欠であると言うことができよう。

4　道徳教育の方法原理

　道徳性の発達が段階的に行われるとすれば、道徳教育の方法原理も段階的に考えなければならない。子どもは、初めは与えられた客観的な道徳の無自覚な実践から出発して、自我意識の発達に伴い、しだいに自覚的・反省的な道徳生活が可能になる。したがって、最初の段階（乳幼児期から児童期にかけて）においては、他律的・習慣的な道徳の指導、すなわち「しつけ」や「訓練」によって、いわゆる基本的な生活習慣をしっかりと身につけさせることと、道徳的な意欲（意志）を支えるものとしての道徳的心情（情操）の育成を図って、自覚的な道徳生活への基礎づけをすることが大切である。発達段階が進むにつれて（児童期から青年期にかけて）、子どもの道徳的自己形成を「援助」するという方法になろう。その際、何が善であり何が悪であるかという知識や理論を教えることも、それを材料にして自己への洞察を深め、判断力を養うためには、きわめて必要である。その上で、自己洞察に基づいて、個々の子どもが自由に道徳的決断を行う機会をできるだけ多くつくってやること

が、大切な留意点となろう。そのためには、体験的・実践的な活動を積極的に活用する方法を取り入れるようにすることが必要である。

　道徳教育において避けなければならないのは、既述のような道徳の普遍的原理に反する道徳規範（徳目）を、いつでもどこでも当てはまる絶対的に正しいものとして与え、強制的にそれに従わせるといったお説教的な方法である。そこには道徳的主体性や道徳性の自己形成といったものは全く見られず、思想の統制と狂信的態度しか見られない。それはむしろ反道徳的な教育と言うべきであろう。西洋の倫理思想の始祖と言われるギリシアのソクラテス(25)は、「汝自身を知れ」という言葉を自分の標語にし、「無知の知」を説いたと伝えられる。これは、自分の無知（不完全さ）を自覚することによって、人間にとって何が大切なものであり、何が本当のものであるかという知を愛し求める活動が出てくるという意味である。彼の言うように、道徳性の自己形成は、自己を深く見つめることから始まるものであり、それを援助するのが道徳教育なのである。

　このように「強制」でなく「援助」としての道徳教育を行うためには、どの発達段階においても、一貫して教師が一人一人の子どもに目を向け、子どもの置かれている状況（環境）や子どもの気持をできるだけ子ども自身の立場に立って正しく理解すること（共感的理解）(26)を指導の前提として心掛けなければならない。子どもを深く理解するほど、より適切で効果的な指導の方法を考えることができるからである。

　では、道徳教育はどこで行われるべきであろうか。道徳教育は教育の最も根本的な機能であり、人間を全人的にとらえるものであるから、一般の教科のように学校における教育活動の一分野として、単に一定の時間や場所でのみ行われるべきものではなく、あらゆる時と所において行われるべきであると考える。道徳教育は、子どもの生活の全領域において、すなわち学校・家庭・地域（社会）のすべてを通して常時行われて

こそ、最大の成果があがるであろう。学校・家庭・地域（社会）の三者がそれぞれの役割分担を明確にし、相互の有機的な連携を密にして、総合的なシステムによる教育活動を推進することが肝要である。

注
（1） 「最近の人間科学」とは、脳科学（大脳生理学）や心理学のことである。脳生理学者の時実利彦（1909～1973）は、大脳辺縁系（古い皮質）の営む人間の基本的欲求（本能）として、食欲・性欲とともに、群がる欲求－集団欲－が働いていることを強調し、人間が「たくましく」生きていくために最も重要な本能であると説いている。集団欲に触れた著書としては『脳の話』（岩波新書、1962）、『人間であること』（岩波新書、1970）、『脳と保育』（雷鳥社、1974）などがある。
　またアメリカの心理学者マズロー（Maslow, 1908～70）は、人間の基本的・生理的欲求として、ファッキング（性欲）、フィーデング（食欲）、フロッキング（群れる）、ファイティング（攻撃）、フリーイング（逃走）の五つを挙げ、「ファイブF」と称している。

（2） Immanuel Kant（1724～1804）ドイツの哲学者。シェリング、ヘーゲルらとともにドイツ観念論を確立した。道徳思想としては、意志の自律を重視し、人格主義を説いた。主著は『純粋理性批判』『実践理性批判』『判断力批判』など。

（3） カント『人倫の形而上学』尾田幸雄・吉沢伝三郎訳（『カント全集第11巻』）理想社、1969

（4） Alain（1868～1951）フランスの哲学者、評論家。デカルトの思想を引き継ぎ、人間の合理的判断と意志を重視し、幸福は人間の義務であると説いた。主著は『精神と情熱に関する81章』『幸福論』『デカルト』など。

（5） （紀元前551～479頃）中国の春秋時代の思想家。儒家の祖。ソクラテス、仏陀、イエスとともに世界の四大聖人と言われる。『論語』は孔子の言行を弟子が記録したもので、中国儒家の根本文献。

（6） カント『実践理性批判』波多野精一・宮本和吉訳、岩波文庫、1948

（7） 「らいき」と読み、古代中国の儀礼・国家の制度等を記録したもので、儒家の重要な経典の一つとされている。

（8） 前掲書（3）

（9） 「共感」という言葉は、一般的には、相手と同じ意見や感じをもつという意味であり、肯定や賛成の意識を伴う。しかしここでは、カウンセリングや心理療法で重視される特別な学術用語として使っていることに注意したい。共感

(empathy) とは、無条件的な人間尊重の精神に基づき、相手の心的体験を、価値的な判断をすることなく、あたかもその人自身であるかのように追体験することである。同情（sympathy）が相手の感情と同一化して相手と同じような気持になってしまうのに対して、共感は相手と同じように感じていながら、気持に一線を画して、相手の感情にまきこまれてしまわない感じ方である。この用語が特に注目されるようになったのは、アメリカの心理学者ロジャーズ（1902〜1987）が、共感的理解ということをカウンセリングや心理療法における人格変容の必要十分条件の一つとして強調してからである。

(10)　プラトン（紀元前427頃〜347）ソクラテス・アリストテレスとともに、古代ギリシア哲学を代表する哲学者。この四元徳の考えは、彼の主著の一つである『国家』の中で説かれている。

(11)　三元徳はキリスト教の基本的な道徳であり、新約聖書の「コリント人への第一の手紙」に述べられている。これは、原始キリスト教時代の最大の宣教者と言われるパウロが書いた書簡の一つである。キリスト教では、この三元徳を超自然的な徳とし、プラトンの四元徳を地上的な徳として、両者をあわせて七元徳と言っている。

(12)　仏陀（紀元前463頃〜383頃）　本名はゴータマ・シッダルタというが、仏教の開祖として、仏陀・釈尊などと尊称される。中道や慈悲は、彼が重視した実践の原理であり、中道とは執着を離れ、現実を公平に見きわめ、正しい判断に基づく実践を行うことであり、慈悲とは他に楽を与え他の苦を取り除くことである。

(13)　孟子（紀元前372頃〜289）　中国の戦国時代の儒家。孔子の孫（子思）に学び、性善説を説いた。この五つの人間関係とそれぞれにおける徳目は、孟子の説いたものであるが、儒教において基本的な考え方とされており、五倫とよばれる。

(14)　古代の日本人にとって、宗教心と道徳心はまだ未分化で、いかなる場合も私心（利己心）を持たず、朗らかで明るい、素直な心（清明心－きよいあかるい心－）を持つことが人間最高の在り方とされ、その反対の「汚き心－きたない心－」はうとんじられた。また、そこから正直の徳も強調された。

(15)　フランクリン（Benjamin Franklin、1706〜90）　アメリカの政治家・科学者。アメリカ独立宣言の起草委員の一人。「ミスター・アメリカン」とよばれる。主著『フランクリン自伝』（松本慎一・西川正身訳、岩波文庫、1957）の中で、「自分にとって必要ないし望ましいと思ったことがら」として、ここに挙げた13の徳目をまとめている。これは、資本主義社会における道徳の例としてよく引用される。

(16) Adolf Portmann（1897～1982）　スイスの動物学者。多くの著書・論文があるが、邦訳されたものは少ない。
(17) ポルトマン『人間はどこまで動物か』（高本正孝訳、岩波書店、1961）
彼はこの本において、人間は一般の哺乳動物と違って生理的に早産であり、したがって生後1年間の体験が人間の発達にとってきわめて重要な意味をもつことを述べている。
(18) 出生後、比較的早い時期からある程度の期間、人間的な環境から隔絶されて成長した子どものことを、野生児という。この事例は「アベロンの野生児」と言われる。パリのイタール医師が、アベロンの森で猟師が発見した野生児（推定12歳）を5年間教育した記録が残されており、その結果をみると、感覚や感情はかなり発達したが、知的機能はあまり伸びなかったという。
(19) J・A・L・シング『狼に育てられた子』（中野善達・清水知子訳、福村出版、1977）これは野生児についての最も詳細な記録が残っている事例である。狼に育てられた少女は二人（推定8歳と1歳半）で、イギリス人のシング牧師によって発見され、年少の少女はアマラ、年長の少女はカマラと名づけられて、牧師夫妻の経営する孤児院で育てられた。アマラはすぐに死亡してしまったが、カマラは発見後約9年間生存した。狼の習性が身についてしまったカマラが、二本足で立ち、自分でコップを持って飲み、人間の言葉を二つ三つ言えるようになるまで5年もかかり、死亡するまでに覚えた言葉は45語であったという。この事例は、人間が生まれた時から人間からの働きかけ（教育）の中で育てられないと、人間として成長できないことをよく示している。
(20) Martinus Jan Langeveld（1905～1989）　オランダの教育学者。著書『教育の人間学的考察』（和田修二訳、未来社、1973）、『教育と人間の考察－M・J・ランゲフェルド講演集』（岡田渥美・和田修二監訳、玉川大学出版部、1974）などの中で、人間について「教育されなければならない動物（animal educandum）」と定義し、人間は決して出来上った人間として生まれてくるのではなく、子どもが人間となるためには教育が必要であり、かつまた可能であることを説いている。
(21) 前注（5）参照。
(22) 教育基本法は1947（昭和22）年制定。日本国憲法第26条第2項における教育を受ける権利の規定をうけて、教育に関する基本原理を規定した法律。平成18年に約60年ぶりに改正された。（巻末資料1参照）
(23) 小・中学校の学習指導要領や解説書（道徳編）でも道徳性の構成要素としてこの三者をあげている。これらは、それぞれが独立した特性ではなく、相互に深く関連しながら全体を構成しているものである。

(24)　人間の一生はある期間を仕切って、それぞれ特色ある発達のしかたを示す。その特色によって一生をいくつかに区分したものが発達段階である。その分け方は、何を基準にするかによって、また学者によって異なる。本文の区分は、現在、我が国で最も一般的に用いられているものである。このような人間の発達段階に関する学問を発達心理学という。

(25)　Sokrats（紀元前470頃～399）　古代ギリシアの哲学者。人々に問答法によって無知を自覚させようとしたが、神をけがし青年をまどわすとして告訴され、刑死した。彼自身の著作はなく、その言説は弟子のプラトンなどの著作を通して知られる。

(26)　前注（9）参照。

第2章　道徳教育の深化

第1節　道徳教育と感性教育

1　道徳教育の研究

　道徳教育の研究には「何のために」(目的)、「何を」(内容)、「どのように」(方法)指導するかという三つの視点が考えられる。それらを通して最も肝要なのは、道徳をどうとらえるかということである。しかし道徳とは何かという問題になると、十人十色とも言えるほど、まことに多種多様である。実際に学校で道徳教育をしている教師の間ですら、道徳に対して多少違った考え方があったり、時には全く反対の意見で対立するようなことがみられる。これは従来の道徳教育を反省した場合、最大の問題点と言わざるをえない。道徳教育の可否は、ひとえに教育をする者が道徳をどのようにとらえるかにかかっている。
　私たちは、すでに前章において、道徳及び道徳教育について、その概略をみてきた。しかし、それは基礎的な考察であって、究極的な在り方についての追求としては、まだ十分なものではなかった。そこで本章で、道徳性と道徳教育についてさらに深く考察を加え、未来を拓く道徳について明らかにしていきたいと思う。

2　道徳的主体性とは何か

　前章においては道徳の根幹が社会の幸福と自己の完成をめざす主体的

態度——すなわち道徳的主体性にあるとし、生きる喜びを伴う道徳的主体性の確立こそ道徳教育の本旨であることを述べた。この「主体性」という言葉は、戦後のわが国に非常な勢いで流行し、哲学、文学、歴史、社会など広い領域で使われ、論議の的になったのであるが、どのような概念内容で使われたかをみると、道徳の場合と同じく、まことに多種多様で、むしろあいまいとさえ言えるものであった。したがってこの言葉を使って道徳を語るならば、まずその意味するところを規定しておく必要があると思われる。

「主体」は英語のSubjectの訳語であるが、Subjectは、また「主観」とも訳される（「主体性」または「主観性」はSubjectivity）。しかしこの主体ないし主体性と、主観ないし主観性とは、はっきり区別しなければならない。主観との対比によって主体の意味を明確にするため、さきに主観の意味から考えていくことにしよう。主観には、二つの使い方がみられる。その一つは、「主観的な見方ではいけない」という場合の主観で、個人的・自己中心的・恣意的で普遍性・客観性がないという意味をもっている。他の一つは、客観（対象）に対する主観といった使い方で、この場合は人間の意識を意味する。もっと言えば、意識される・・・・・もの・（自己の外にあるもの・意識対象）に対する意識するもの・・・・・（自己の内にある働き・意識作用）である。両者とも、自己と対象との対立の関係を表わすものであり、また人間の考え方・見方といった意識の領域に関係する。すなわち、主観性という概念を成り立たせる要素は、対立性と意識性であると言うことができよう。

それに対して、主体という言葉は、第一に実践的な意味をもって使われる。人間は「行為の主体」であるとは言うが、「行為の主観」であるとは言わない。つまり、主体は、単に考える人間ではなく、行動する人間をとらえた言葉なのである。主体の第二の意味は、それが本能的無意識的なものでなく、自己の価値判断に基づいた行動・実践でなければな

らないということである。主体としての人間では、現代のマス・ソサエティ（大衆社会）の中にあっても、画一化し平均化された人間としてでなく、他の何人とも代えることのできない個別的自己としての自主性が重んじられる。その意味で個別的な判断や自覚を伴う言葉である。

さらに主体の第三の意味は、このような行為・判断が、他と対立的な形で起こるものではなく、他者（客体）とのつながりの上に成り立つということである。言い換えれば他者を媒介とし、自他を総合することによって、自己をより高い次元へと向上させていくという意味をもつ言葉である。

以上をまとめてみると、主体性という言葉の内容は、実践性・個別性・総合性という三つの要素から構成されると言うことができる。そのうち、特に注意したいのは総合性という要素である。主体性とは、弁証法的な自己実現過程なのであって、他を媒介するということは、他を否定することではない。自己（正）と他（反）が働きあって、より高い次元の自己（合）へと高め（止揚 aufheben）、総合していくというものである。他を取り入れることによって自分をさらによく生かしていくということであって、そこにはむしろ自己を否定する契機が含まれている。それはより正しくは、自己を抑制する契機といった方が妥当であろう。

したがって、道徳的主体性とは、自己抑制を契機とした道徳的実践力である。前章の狼に育てられた少女の例話からもわかるように、人間は文化的本能よりも動物的本能の方が強く、動物的本能は放っておいても自然に現われてくるが、文化的（人間的）本能は教育を受けないと育つことができない。そこに教育ないし道徳教育の成立する根拠も見いだせるわけであるが、そのように教育によって人間を人間とするということは、人間らしさを伸ばして動物らしさを抑制しコントロールすることにほかならない。その人間らしさこそ道徳的主体性なのである。

3　道徳性と情操・感性

それでは人間が非人間的なものを抑制して、人間らしく、道徳的に行動するためには、道徳性 —— 心の働き —— のどのような面が特に重要となるであろうか。人間の心の働きは、一般に知・情・意の3つに区分して考えられることが多い。また理性と感情といった二元論的な見方をすることもある。そして、一般的には理性が感情を規制すると考えられているが、よく考えてみると、人間にとっては、思考や判断といった知的理性的な働きよりも動物的本能・衝動につながる感情的な働きの方が発達が早く、力も強烈である。しかもそうした感情は、教育によって弱められるものではない。教育は本能的な感情を抑える理性の力を開発し、育成する働きであると言われる。しかし理性的な行動だと言われる場合でも、感情論理という言葉があるように、感情的な動機を、知的に合理化しているにすぎないことが案外多いように思われる。そうでなくても、理性が感情の前においていかに弱体であるかは、私たちが日常生活の中でいろいろと思い知らされることが多い。私たちの「悪を避け善をなす行為」を支えている内面的な動機は、一般に良心と言われているが、この言葉は古く孟子に始まり、感情を意味したものという。それゆえ、人間の道徳的能力を考える場合にも、特に感情面に着目しなければならないのではなかろうか。

文字通り「人間は感情的動物」であり、人間の行動の基本的な動因は心の働きの感情的側面なのである。したがって、感情が洗練されて普遍的な価値を志向するようになれば、外に現われる行動も価値あるものを志向するわけである。そのように、真・善・美・聖などの価値を志向する全人格的で永続的な感情傾向は情操（心情）と言われるものであり、その価値が道徳的であれば、道徳的情操（道徳的心情）と言われるのである。非人間的なもの、すなわち動物的衝動につながる低い次元の感情を抑制するものは、理性の力というよりは、むしろ、より高い次元の感

情——道徳的情操——の力にまたねばならない。感情は、低い次元においては、心の働きの中で最も主観的であり、高い次元においては、最も主体的である。ここに、道徳的主体性において、情操を重視する理由が存する。全人格的行動として考えれば、大いなる理性は常に大いなる感情に裏づけられるとも言えよう。

といっても、豊かな情操は、理性や意志という心の他の働きと無関係に働くものではない。「大いなる理性」が「大いなる感情」に裏付けられるということは、高い感情である情操とすぐれた理性は一体で働くということであり、さらにそれは強い意志と一体となって働くものである。だからこそ情操は人間にとって道徳的な行動をとらせる能動的な力を持つことになると考えられる。

さらに、人間には、視覚・聴覚などの個別の諸感覚の根底に存在し、それらを統合して統一的・全体的にものをとらえる「共通感覚」(3)という働きがあると言われるが、理性によって高められ、意志によって強められた「高い感情」(情操)がこの「共通感覚」と一体化したものを「感性」とよびたい。この場合の感性は、理性と対立する感情ではなく、また単に刺激に反応する受身的な感覚でもない。それは、意味や価値を積極的に感じとり、価値あるものをつくりだそうとする敏感性と能動性を備えたものである。人間の心の働きである知・情・意を統合し、また心の意識的な部分と無意識の部分にまで及んで心の全体を動かし、人間の行動を支配するものが、この感性である。したがって、感性は人間にとって最も根源的な心のエネルギー（生きる力）である。

豊かな感性は豊かな道徳的情操を内包し、道徳的情操のもつ感受性や創造性の働きを強化し発展させる。その意味で、豊かな感性は道徳的である。道徳的に感性が働くということは、人間のさまざまな生活場面において、他者への共感性や価値を感じとる力や美しいもの尊いものに感動する心が働くということである。行動にあたっては、論理的に頭で判

断するのではなく、むしろ心の奥底からの好悪の感覚といったものが働いて、自然に直観的に善を選び悪を避けるという選択と決断によって行動するということである。そうした感性の働きによって、「自己の完成」と「他人の幸福(4)」を目指す行動が実践されるのであり、人間としての「生きる喜び」もわき出てくるのである。

　J・S・ミル(5)は、「正をなすことを快感と連合させ、悪をなすことを苦痛と連合させること(6)」が道徳教育上きわめて大切であると説いている。つまり、「ふとった豚」であるよりは「やせたソクラテス」であることが喜ばしいということであるが、これは今述べた意味での感性の重要性を言っているものと解釈できる。

　以上のことから、道徳性（道徳的主体性）の中枢は感性であり、道徳教育の究極は感性教育であると言いたい。前章において、道徳教育の方法原理として、知的教育と心情的教育を支えるために、体験的・実践的な活動を積極的に取り入れることの重要性を述べた。道徳教育の究極が感性教育であるとすれば、感性は表現・行動・創造や出会いを通して育成・強化されるものであるから、道徳教育における体験・実践を取り入れた指導の重要性が、さらに深く理解できるであろう。

4　情操・感性と大脳

　最近の脳科学（大脳生理学）の著しい進歩は、人間の生命活動の自然科学的な解明に大きく貢献している。そこで、その成果をもとに、道徳教育における情操や感性について、自然科学的な考察を加えてみたい(7)。

　人間の脳は、まず大脳と小脳に大別される。小脳は運動の調節をつかさどるところで、精神活動とは直接の関係がない。精神の座は大脳であるが、これは左右の大脳半球とその間にはさまれている棒状の脳幹という部分からできており、脳幹の下は脊髄に続いている。大脳半球は、大脳皮質とよばれる薄い層で包まれている。そして最近の研究では、大脳

半球の表面を包む大脳皮質の裏側に、さらに別の大脳皮質があって、そこでも重要な精神活動をつかさどっていることが明らかにされている。外側にある大脳皮質は新しい皮質（新皮質）とよばれ、内側にある大脳皮質は古い皮質（大脳辺縁系）とよばれる。ここでの精神という言葉は、心と置き換えることもできる。つまり一般に心と言われるのは、大脳の働きのことである。

　このようにして人間の大脳は、脳幹、古い皮質、新しい皮質の三つの部分から構成されている。脳幹は生命を維持するための反射活動や調節作用を営むところであり、古い皮質は、個体維持と種族保存のための諸本能や感情の働きを営むところであり、新しい皮質は人間としてよりよく生きるための知・情・意の働きを営むものである。古い皮質は生得的に十分発達しており、新しい皮質は後天的に発達するもので、生得的本能的には古い皮質の方がはるかに強い。それにもかかわらず「ヒトでは、最高度に発達している思慮あり分別のある〈新しい皮質〉が、欲求をかなえ快感を追う行動にかりたてる自由奔放な〈古い皮質〉の動きに、人間らしく適正にブレーキをかけ、その衝動的なうごめきをコントロールしている」（時実利彦）(8)というのである。つまり、人間の自己抑制とは、ここでは新しい皮質による古い皮質のコントロールである。

　大脳の新しい皮質は、さらに前と後の領域に分けることができる。前の領域を前頭葉といい、後の領域は頭頂葉・後頭葉・側頭葉に区分されている。後の領域では、古い皮質とともに人間の内や外からの刺激を感覚として受け入れて、記憶・知覚・理解・判断といったインプットの働きが営まれる。前の領域（前頭葉）では、後の領域から取り入れた情報をもとにして、価値のあるものを創造し、行動として表現しようと意図するアウトプットの働きが営まれている。この前頭葉が他の動物と比べて著しく発達しているのが人間の特徴である。前頭葉は、言い換えれば個性や自我意識の座であるが、そこからまた、他者を押しのけても自分

を実現したいという競争意識や闘争心といった働きも生み出される。他の動物と違って、人間だけが同種の中で殺し合うのも、そのためである。このような「殺しの心」を、大脳の他の部分の働きと結びついて自己抑制できるのは、前頭葉にも感情的な営みがあるからである。前頭葉で営まれる感情とは、意図したことが達成された時に感じる喜びや、挫折した時に感じる悲しみの感情であり、その感情が意図的創造的な行動を支えている。創造の喜びといった高度の感情は、前頭葉に関係するものである。

　前頭葉で営まれる感情は、古い皮質での感情とつながっているが、より高次元のものであり、しかもより永続性をもつと考えられている。このような感情的営みのすべてが、先に述べた情操であるとは言えないとしても、情操が前頭葉に関係した働きであることは少なくとも言えると思われる。そうした前頭葉にみられる働きは、意図・意欲・意志といった働きと一体になって、後頭葉や側頭葉の働きを受けとめ、前頭葉の「殺しの心」や古い皮質の本能的な感情をコントロールして、道徳的な行動へと人間を導くのである。この場合の情操は、感覚的な敏感性と主体的な能動性を伴うものであって、これが先に述べた感性にほかならない。大脳皮質のそれぞれの部分でインプットされた諸感覚は、頭頂葉・側頭葉・後頭葉に及ぶ連合野といわれるところで統合・整理されるが、その統合された感覚、すなわち共通感覚が前頭葉の情操や意欲と結びついてアウトプットとして働くものが感性である。さらに感性の働きは、新しい皮質と古い皮質だけでなく、生命維持の座である脳幹とつながることによって、「生きる力」を基盤としたものとなっている。したがって、感性は人間の大脳のすべての部分に関係する全体的な働きと言うことができよう。

　次に、右脳と左脳の働きについて触れておきたい。前頭葉や後頭葉の働きというのは、人間の頭部を横から見た場合の新しい皮質の各部分の

働きであるのに対し、右脳・左脳の働きという場合は、大脳の新しい皮質の働きを右半球と左半球の違いに着目して言ったものである。そして、右半球の新皮質では形の理解、直観的把握、全体的把握といった働きがすぐれており、左半球の新皮質ではものの細部の理解や論理的思考、言語能力といった働きがすぐれていることが分かっている。そこから、従来の知識偏重の教育は左脳重視の教育であり、創造性を育てるには、幼少時から右脳の働きを促す教育をすべきだという声も聞かれる。しかし、右脳と左脳は全く別個に働くものではなく、一方の働きが落ちれば他方がこれを補うようになっている。つまり右脳と左脳はつながりをもって互いに助け合って機能するものであり、道徳教育としては右脳と左脳の働きを関連的・全体的に鍛え育てることを心掛けなければならない。感性の視点からみても、このように関連的・全体的なとらえ方をすることが大切である。

第2節　道徳の根元と心の教育

1　道徳の根元としての生命情操

　前節で道徳性の中核は感性であり、感性は情操と感覚が一体化した働きであることを述べた。つまり、感性にみられる道徳的な価値への志向性は、道徳的な情操によって支えられているのである。道徳的な価値については、小学校と中学校の学習指導要領に道徳の内容として具体的に示されているが、それら全体を支える道徳的情操の最も深いところにある、道徳の根元ともいうべきものとして、「生命情操」というものを考えたい。この生命情操を育てることが、道徳教育、ひいては感性教育の最も重要な目的と言えよう。

　それでは、生命情操とは、いかなるものであろうか。生命情操とは、

この世界や人間が一つの大きな「いのち」の中で、互いにつながりをもち調和して存在しているということを深く実感し、その大きな「いのち」に対して畏敬の念を持ち、大きな「いのち」の中で生きている一つ一つの「いのち」とそのつながりを大切にしようとする全人的で永続的な感情傾向である。生命情操は、自分が過去から現在、さらに未来へと続く「いのち」のタテのつながりと、今、同時に生きている「いのち」のヨコのつながりの交点として、かけがえのない自分の「いのち」を生きていることに感謝の念をもつとともに、他の人間の「いのち」はもちろんのこと、人間以外の「いのち」にも価値を認め、それらを尊重して共存共生することに喜びを感じる心の働きである。人間は他者とのつながりなしには存在しえないのであって、私たちはみんなの中の一人ではなく、「みんなで一人、一人でみんな」なのである。この「一切人即一人、一人即一切人」の一体感の情操が生命情操である。

　この生命情操は、人間存在そのものについての深い洞察によって到達する心情であり、宗教的な視点というよりはむしろ哲学的な視点から考えられるものとして、あくまでも道徳的情操の究極にあり、道徳の根元になるものと位置づけたい。[11]

2　生命情操と生きる喜び

　前節でみたように、人間の脳の中で生命力の根元となるのは脳幹である。そして、感性は脳幹とのつながりをもった「生きる力」の基本である。生命情操は、その生きる力の基本に生命尊重という道徳的価値を付与するものにほかならない。脳幹は、精神的・肉体的なすべての違いを超えて、すべての精神活動の外にあって、ただ黙々とすべての人の「いのち」を保障してくれているいのちの座である。私たちが理屈ぬきで相手を認めることができる自然科学的な根拠は、この脳幹の働きに求められる。この脳幹の働きを無条件に認めあい、「いのち」と「いのち」の

つながりを重視し、自他の「いのち」を尊重しようとするのが生命情操である。感性がよく働くことによって生きる喜びがわきでてくるというのも、感性が生命情操と結びついた生きる力だからである。生きる喜びとは、生命情操の働きの達成感であり満足感である。

　道徳の根元は生命情操であり、それが道徳性（道徳的主体性）の中枢である感性として働くところに生きる喜びが生まれるのであるから、道徳の根元は生きる喜びであるとも言うことができる。それは生命尊重を基盤とした人間としての生きる喜びである。生きる喜びを具体的に言えば、

① 努力・忍耐の過程やその結果としての目的達成を通して新しい自分に気付いた時。
② 自然や芸術や人間の生き方にみられる価値に触れて感動した時。
③ 職業を通して、または奉仕・手助けによって他人のために役立ち喜ばれた時。
④ 生活を共にする集団の中で承認欲求が満たされ強い連帯感や信頼感が生まれた時。
⑤ 同じ目的（価値創造）を目指す集団活動において、助け助けられながら協力してその目的を成し遂げた時。

などに実感する喜びということができる。道徳教育は、このような喜びを自ら求め、他に与えようとする人間を育てることである。人間の「生きる力」の原動力となるのは、「生きる喜び」である。

　このように、生命情操と生きる喜びの視点から道徳教育を考えるということは、子どもたちが自分の「いのち」に目を向け、自分の「いのち」を意味づけ、充実させていくようになることを重視することにほかならない。しかし「いのち」への強い関心や深い洞察は、今日の社会状況の中では、子どもたちにあまり期待できない。それは、自分が有限な存在であり、必ず死ということに直面せざるをえないという厳粛な実感

をもつ機会が少ないからである。ハイデッガーが言うように、人間は「死への存在」であり、人間は自分自身の「死」を直視することによってのみ、かけがえのない自分の「生」を大切にし、主体的に精一杯生きることができるのである。死の自覚が生の自覚を促す。その意味で、道徳教育における知的及び体験的な指導の両面にわたって、人間の死について考えさせる「死の教育」の導入が、今後大いに研究されていく必要があると考えられる。

3　道徳教育とカウンセリングと心の教育

今日、我が国では、「豊かな社会」のもたらした社会病理として、「貧しい心」による子どもたちの生き方が大きな問題となり、「心の教育」の推進が国家的な重要課題となっている。

心とは知・情・意の総体であり、意識される部分と無意識の部分の両方を包むものである。そして、これまで述べてきたような意味での感性が心の中核としての働きをなすと考えられる。

では、いったい心の教育とはどのような構造をもつものであろうか。平成10年6月30日には、中央教育審議会の「幼児期からの心の教育の在り方」に関する最終答申が出された。この答申の内容もふまえて考えると、心の教育とは、カウンセリングを基礎とし、道徳教育を基本として、両者を環境づくりによって支えるという構造をもつものと言えよう。

カウンセリングは、子どもへの内面的理解をもとに、子どもが実生活の中で出会うさまざまな問題を、できるだけ早くできるだけ確実に解決していくように援助する働きかけであり、子どもが心の悩みやストレスや不満を自力でコントロールできる心的状況をつくることを重視する。それは、道徳教育を行う前提として、心の教育の基礎になるものである。

また、心の教育における環境づくりとは、学校・家庭・地域（社会）という子どもを取り巻くすべての環境において、道徳教育やカウンセリングの機能が働きやすくなるような条件を整えることである。先の答申などを参考に具体的な例を挙げれば、教師が道徳教育を進める上で地域住民や保護者と意見交換を深めること、学校が相談所・病院・警察等の関係諸機関とためらわず連携すること、家庭での家族間の会話を豊かにすること、地域（社会）における有害情報を排除すること、大学・高校入試を改善すること、などである。環境づくりとは、前章で道徳教育の方法原理の一つとして述べたとおり、学校・家庭・地域（社会）の三者が連携を深め、総合的な教育システムを構築することにほかならない。

　道徳教育は、カウンセリングに基礎づけられ、環境づくりに支えられてこそ、最大限の成果が期待できる。つまり道徳教育を推進するためには、心の教育の推進がなければならない。そして、心の教育全体についても、道徳教育について述べたように、「情操―――感性―――生きる喜び」をキーワードとして考えることが大切である。心の教育のめざす「豊かな心」とは、教育や体験によって洗練された情操と一体化した感性の鋭い働きによって、人間としての生きる喜びが実感できる心のことである。

　道徳教育がこのような心の教育の構造を保って推進される時、国際化、情報化、高度産業化、高齢化といった社会の変化に対応することができ、地球市民として、かつ日本人として、新しい時代を拓く力をもった人間の育成が可能となるであろう。

注
（１）　事物のなかには矛盾・対立があり、それによって事物は運動・発展するという考え方を弁証法と言う。原初的にはプラトンや仏教のなかにもみられるが、それを哲学的論理として強調したのはドイツの哲学者ヘーゲル（1770～1831）である。彼は弁証法を対立しているものの総合、矛盾しているものの統一という発展過程と考え、正・反・合の三段階的運動として説明し

た。ここでの記述は、このヘーゲルの考え方によるものである。
（２）　第１章注（13）参照。
（３）『日本大百科全書13』（小学館、1987）によると、次のように説明されている。
　五感を統括する内部感覚としての共通感覚という概念は、アリストテレスに始まり、スコラ哲学に継承された。その機能は、まず相異なる感覚のデータを識別することである。たとえば角砂糖は、視覚的には白いものであり、味覚上は甘いものである。この白さと甘さをわれわれは混同することなく感じ分けている。それは感覚の働きではあるが、視覚や味覚の上位にあるものである。そこでアリストテレスは共通感覚というものを措定し、これにその機能を帰した。しかし、白さと甘さを感じ分けることは、それぞれ視覚により、味覚によって感じ取っているのだということを知っているからこそ可能なことであろう。すると共通感覚は、感覚作用そのものについての反省的意識を伴うことになる。さらに、白さと甘さを角砂糖という同一の対象に関係づけることや、対象の大きさや運動もしくは静止の状態などを知覚する働きの能力とされる場合の共通感覚は、なるほど五感を総合する能力ではあるが、すでに感覚というよりも精神の働きとみるべき点が多い。
（４）　第１章第１節「３　道徳の目的原理」を参照。
（５）　John Stuart Mill（1806〜73）　イギリスの哲学者・経済学者。ベンサムを継承して功利主義思想を発展させ、ベンサムが道徳の原理として考えた快楽に質的差異があることを指摘し、精神的快楽を重視した。主著『経済学原理』『功利主義論』など。
（６）　『世界の名著38　ベンサム／Ｊ・Ｓ・ミル』関嘉彦編、中央公論社、1967
（７）　脳科学（大脳生理学）の成果については、次の書物を参考にした。
　・時実利彦『脳の話』岩波新書、1962
　・時実利彦『人間であること』岩波新書、1970
　・永田勝太郎『脳の革命』PHP 文庫、1995
　・高木貞敬『脳を育てる』岩波新書、1996
　・日本解剖学会百周年記念特別展「人体の世界」図録（1995・9・15・〜11・26　国立科学博物館）
（８）　時実利彦編『現代人間学　第三巻　人のこころ』みすず書房、1961
（９）　ごく最近では、大脳の両半球をつなぐ脳梁（のうりょう）という神経線維の形状に男女差のあることがわかり、そこから大脳の機能、特に言語能力や情報処理能力の性差についての研究が進められている。
（10）　第４章第２節「３　道徳教育の内容」を参照。

(11)　「いのち」のつながりという考え方については、古くは仏教の縁起思想、新しくはホリスティック教育の考え方が参考になる。ホリスティック教育とは、10年ほど前から北米で始まった新しい教育提言であり、「いのち」の全体的な「つながり」という視点から人間や世界をホリスティック（全体的、包括的、総合的、全連関的）にとらえようとする考え方に基づく教育の在り方である。

(12)　Martin Heidegger（1889〜1976）　ドイツの哲学者。実存主義の立場から、人間は死への存在であることを意識することにより、日常的自己から本来的自己を取り戻せると説いた。主著『存在と時間』。

(13)　「死」についての教育は、アメリカやドイツの学校教育ではかなり取り入れられているが、我が国においては、医療系と宗教系の学校で実践が見られるほかは、一般的にほとんど未開拓の状況である。1975年から上智大学で「死の哲学」を教えているアルフォンス・デーケン教授は、生と死の意義を考えさせる教育を「死への準備教育」とよび、それはそのままよりよく生きるための「ライフ・エデュケーション」にほかならないと述べている。（アルフォンス・デーケン『死とどう向きあうか』NHK 出版協会、1996）

　小・中・高校における「生と死の教育」に関する参考文献としては、次のものがある。

・鈴木康明『生と死から学ぶ　デス・スタディーズ入門』北大路書房、1999
・鈴木康明編『現代のエスプリ　№394　生と死から学ぶいのちの教育』至文堂、2000

(14)　中央教育審議会は平成9年8月に文部大臣から「幼児期からの心の教育の在り方について」の諮問を受け、平成10年6月30日に「新しい時代を拓く心を育てるために──次世代を育てる心を失う危機──」と題する最終答申をした。そこでは、社会全体、家庭、地域社会、学校それぞれについて、心の教育を充実させるための具体的な提言がなされている。

(15)　ここでいう「基礎」とは、それを前提として全体が積み重ねられていく土台になるものであり、「基本」とは、それに基づいて全体が成り立っている中核になるものを意味する。基礎は全体を支える「根」であり、基本は全体を方向づける「幹」である。

〇本章全体を通して、「感性」及び「感性教育」に関する参考文献としては、次のものがある。

・ジョン・P・ミラー『ホリスティック教育－いのちのつながりを求めて』吉田敦彦・中川吉晴・手塚郁恵訳、春秋社、1994
・片岡徳雄『子どもの感性を育む』日本放送出版協会、1995

・高橋史朗『感性を活かすホリスティック教育』広池学園出版部、1996
・高橋史朗編『現代のエスプリ　No.365　感性教育』　至文堂、1997
・高橋史朗編『講座　感性・心の教育』（全五巻）明治図書、1999

第3章　現代と道徳教育

第1節　現代社会と道徳教育

1　現代の社会

　道徳が一面において時代や社会とともに変化する以上、道徳教育を取り上げるにあたっても、現代的視点からの考察を怠ってはならない。それには、現実の社会的状況を正しく把握することが、なによりも重要な前提となる。

　現代社会をグローバルにとらえてみると、その特質の一つは、近代精神である人間中心主義の精神、すなわち個人主義・自由主義・合理主義の精神に基づく民主主義(1)の考え方が最も大きな潮流となっていることである。もとよりここでの民主主義というのは、政治上の狭い意味ではなく、広く生活の仕方を意味している。現代社会の特質の他の一つは、近代科学技術の進歩に伴い、自給自足的な小社会から広大な共同社会に発展したことである。特に最近は、マスコミや交通機関のすばらしい発達によって国際化が進展し、国家・民族相互間の交流や依存関係が深まっている。

　これら現代社会の特徴は、それぞれ大きな問題を内包している。まず民主主義であるが、これには宗教的問題や力の政治がもとで起こる国家・民族間の対立や地域紛争・テロ事件があり、また、いまなお前近代的な差別意識や貧富の差がみられる。次に近代科学は、人間の欲望の肥

大化に結びついて社会の複雑化・機械化・情報化をもたらし、その結果として人間の生命を支える自然環境の破壊と、人間が自分の人間としての本質を失ってしまうという人間疎外を招来している。そしてこれらがからみあって、生きる喜びに満ちた平和で幸福な社会の実現は、まだまだ遠い理想にとどまっている。

現代に生きる私たちの道徳と教育は、このような歴史的社会の現実に即して考えられるべきである。

2　民主主義の精神

生活の仕方としての民主主義は、一人一人の人格を尊重することを基本とする共同生活の在り方である。

人格とは人をして人たらしめる本性であり、またそのような本性をもった個人を意味する。では、人を人たらしめる本性とは何であろうか。思うに、人間は理性と本能を両有しており、神と動物との中間的な存在であると言えよう。人間は、一方においては、食欲・性欲及び集団欲といった本能（基本的欲求）の満足を求めて、個体維持と種族保存を図りながら、他方において、理性につながる感性の働きによって本能を自制し、自分の個性を自覚して、未来に向かって価値の創造（文化的・社会的欲求の満足）を求めて生きる存在である。

人格の尊重とは、自分や他人をこのような存在として取り扱い、その存在性を発揮させることである。すなわち、個人が自分の感性を働かせ、責任をもって自己を表現し、創造し、個性を伸ばして生きる喜びを実感するとともに、他人にもそのような喜びを保障することが人格の尊重である。自由・平等・権利・義務・協力・幸福などといった民主主義の具体的な内容は、そのような人格の尊重から導き出されてこなければならない。

このように考えると、現代において要請される民主主義の精神は、さ

きに述べた道徳の普遍的な目的原理となんら矛盾するものではなく、むしろ現代的観点からみると、本来の意味での道徳とその教育が、ますますその重要さを増してくると考えるべきであろう。

3 科学と道徳

パスカルが「人間は考える葦である」と言ったように、人間のすぐれた頭脳は、有史以来、偉大な科学や学問をつくりだしてきた。特に近代以降においては、自然科学の成果を応用した科学技術の進歩が著しい。火に加えて電気・原子力といった新しいエネルギーの発見や、コンピュータの活用に代表される技術革新の波は、今日のような高度文明社会を築きあげた。それは一面において人々の生活を飛躍的に豊かにし、また便利にして、「世界は一つ」という状況を生みだしながら、他面において人類の生存にかかわる重大な問題を提起しつつある。例えば快適な生活を求めた結果としての自然破壊は、逆に人々の健康や生命を脅かしているし、また先端医療技術の急速な発達は、生命操作をめぐって生命尊厳の理念との間に葛藤を生みだし、さらに原水爆などの核兵器や細菌を使った生物兵器の使用が予想される第三次世界大戦が起これば、それは人類の自殺行為であるとさえ言われている。

このような状況をふまえて、今日、科学者の倫理が要請されている。例えば自然と人間の共存を図り、原子力を戦争にでなく平和に利用することに、科学者も責任をもつべきだということである。また、生命操作の問題についても、当事者一人一人の自由な道徳的判断が医療の場でどこまで保障されるかが大切であり、そこに科学者の倫理が大きく関係するということである。

もとより科学と道徳（倫理）とは別個のもので、科学そのものは善でも悪でもない。また科学は善と悪を区別できない。それだけに科学する者が道徳的であるべきことはもちろんであるが、さらに科学の成果を利

用するすべての者に道徳がかかわってくる。科学は、今後ますます発展させなければならないが、同時に、実用主義と進歩主義に潜む危険を防ぐだけの強い道徳（倫理）が人々に求められていると言えよう。

　科学の発達は、好むと好まざるとを問わず、私たちを地球市民たらしめた。この事実の上に立って、私たちは地球市民としての自覚を深め、個々の国家の主権が尊重され、真の自由と平等が保障される幸福な人類社会の実現をめざす国際倫理（地球倫理）の確立に向かって努力しなければならない。国際倫理とは、政治や経済の分野だけでなく、環境倫理や生命倫理の問題をも含めた地球規模での人類共生の倫理である。

　地球市民としての自己を知るためには、国民としての自己を自覚する必要がある。自国と自国民を意識することによって、他国や他国民を知り、世界を知ることができる。さらにこれらの自覚の根底には、個々の個人としての自覚が要求される。世界の人々のすべてが「いのち」のつながりの中での真実の自己の自覚に立って、国家・世界に生きるのでなければならない。そう考えると、現代における道徳教育の重要性は、ますます強調されることになろう。

第2節　我が国の道徳教育

1　戦前の道徳教育

　我が国における近代的な学校制度は、1872（明治5）年の学制発布に始まる。道徳教育のための教科として、小・中学校（小学校は下等・上等各4年、中学校は下等・上等各3年の二段階編成）に修身科が設置されたのも、この時である。当初、修身科の教材としては欧米の学者の翻訳書や文部省制定の「小学生徒心得」などが広く用いられ、教師がそれらについて口述説諭する方法が主であった。そして学校教育全体として

は、道徳教育は特に重視されるものではなかった。⁽⁴⁾

　しかし明治10年代に学校制度の見直しが行われるに伴って、道徳教育は皇国史観に基づいた儒教主義の方向で重視、強化されるようになり、1880（明治13）年の改正教育令では修身科を学校の教科の筆頭に置くことが決められた。（明治19年から尋常小学校《初め4年、後に6年》が義務教育となった。）

　このような動きを受けて、道徳教育の目的と内容を確立したのが1890（明治23）年10月30日に出された「教育に関する勅語（教育勅語）」である。これは、我が国の教育の在り方を天皇のお言葉として国民に示したものであり、その内容は忠孝・博愛・勉学・公益・遵法などの儒教的徳目を基盤として、究極において天皇のよき臣民となることを説いたものであった。ここに修身科は、道徳教育の中核として教育勅語の趣旨を徹底させるという性格が明確化されたのである。⁽⁶⁾

　教育勅語の文章表現は、小学生にはとても理解できない難しいものであったが、指導は何回も繰り返して読ませ聞かせるという素読法で、まず覚え、しだいに理解していくという注入主義が支配的であった。

　このような我が国の道徳教育は、やがて1932年の満州事変、1937年の日中戦争の突発といった対外情勢の変化とともに、しだいに軍国主義的な傾向を強めた。そして1941年に太平洋戦争が始まると、修身科を中心とした我が国の教育は、忠君愛国の人づくりへとまっしぐらに突き進んでいった。

2　戦後の道徳教育

　第二次世界大戦の無条件降伏によって、教育勅語を中心とした我が国の道徳的価値体系は一挙に崩壊した。そして占領軍の行ったいわゆる教育の民主化によって、修身の授業は日本史・地理とともに停止され、戦後しばらくは学校の道徳教育はタブーとされた。1947（昭和22）年に教

育基本法が成立して人格の完成をめざす新しい教育理念が宣言され、同時に制定された学校教育法によって六三制の新教育がスタートしたが、道徳教育プロパーの授業は我が国の学校から無くなり、新しく社会科が民主教育の花形として誕生した。

　その後、内外の情勢の変化をふまえて、新教育の修正が進められ、道徳教育についても学校全体を通じて行うという方針が打ち出されるようになった。しかし社会科をはじめとして各教科を通しての道徳教育では十分な成果をあげえないという声が高まり、1958（昭和33）年には、学校全体で行う道徳教育の徹底を図るために、小・中学校に道徳の時間が特設された。この道徳の時間は、授業ではあるが教科でも特別（教育）活動でもなく、教科書を使用せず、評定も行わず、主として学級担任の教師が指導に当たるものである。

　当時、道徳教育、特に特設「道徳」による道徳教育に対しては、国民の間でも賛否両論の激しい論議がかわされ、日教組に代表される教師たちの間でも反対論が大勢を占めた。したがって道徳の時間は、学校における一つの教育実践として、なかなか軌道にのらなかった。

　そこで教育行政当局では、学校における道徳教育の充実のために、教師用指導資料の豊富な提供、教師研修の充実、教員養成の改善（大学の教職課程で「道徳教育の研究」を必修とする）など、さまざまな方策の推進に努めた。一方、豊かな社会の到来とともに目立ってきた子どもたちの問題行動に対して、道徳教育の必要性を主張する世論も強くなった。そうした中で道徳アレルギーと言えるような反対のための反対論者も少なくなり、道徳の時間を中心とした学校の道徳教育は、しだいに学校現場に定着していった。

　学校における道徳教育の目標についても、はじめは学校教育の一般目標と同一であるという広義の規定によってあいまいに示されていたが、1968（昭和43）年と翌年に告示された小学校と中学校の学習指導要領か

らは、道徳教育の目標として「道徳性の育成」という言葉が明確に掲げられるようになった。

しかし道徳の時間の指導については、熱心に取り組んでいる学校・教師とそうでない学校・教師との較差がとても大きく、全国的にはしっかり定着したとは言えない実態がみられる。

3　現状の反省と課題

(1)　我が国の子どもの実態

第二次世界大戦直後の我が国は、価値観の混乱とともに物資不足と物価の高騰が著しく、苦難と荒廃のなかにあった。しかし1955（昭和30）年以降の世界に類をみない高度経済成長と自由・平等をうたう民主主義の普及によって、便利で豊かな個人尊重の社会が到来した。そして国際化、情報化、都市化、核家族化、少子高齢化などの進展が、我が国の社会の特質となってきた。教育水準も向上し、全国的にみると、現在、高校への進学率は97パーセントを超え、大学への進学率は45パーセントを超えるまでになった。[13]

こうして我が国には一見文化的で平和な社会が出現し、[14]教育においても、能力的には「学んだ力」としての学力[15]が高く、スポーツや芸術面での能力にすぐれ、情報通信機器に強い子どもたち、また性格的には明るくのびのびとしてユーモアがあり、表現力や行動力のある子どもたちが育ったかにみえた。現在でも、道徳的に節度があり、健全な生き方をしている子どもたちは少なくない。文芸やスポーツやボランティアなど、各方面で心温まる感動的な事例を聞くことも確かである。

ところが最近は、そうした社会の善い面を覆い隠すかのように、政治・経済や環境・生命にかかわって、法律や道徳（倫理）に反するさまざまな社会的問題が頻発するようになり、子どもたちについてもさまざまな反社会的・非社会的な問題行動[16]が続発するようになって、人々の不

安や不満を増大させている。その面から最近の子どもたちをみると、「喫煙」「飲酒」「万引」「ひったくり」をはじめ、「ひきこもり」「不登校」「いじめ」「対人・対物暴力」「バイク暴走」「薬物乱用」「援助交際」「強盗」からゲーム感覚や衝動的な殺傷事件に至るまで、問題行動の多様化・多発化と低年令化の傾向が著しい。こうした問題行動を引き起こす心理的な土壌は、例外的で特殊な子どもだけのものではなく、「フツウの子」にみられる一般的な特徴であり、社会全体でつくりだした道徳的な問題であると考えなければならないであろう。

　こうして現在、我が国では「物の豊かさ」が「心の貧しさ」を生みだしたことが反省され、「心の教育」の在り方について盛んに論議されている。そして最近の子どもは自己抑制力が乏しく、むかつきを抑えきれずに、キレるという感覚でカッとして問題行動を起こすことが多いところから、現代は「キレる時代」であるとか、現代っ子は自己抑制力、他者との関係、社会的規範を喪失した「空洞の世代」であるとか、映像メディアの影響によって子どもたちはバーチャル・リアリティ（仮想現実）の中に生き、現実と非現実が混同して非現実からしかものをみられないところから「バーチャル世代」であるといった、さまざまな新語まで出てきている。特に他者との関係の喪失に関して重視すべきことは、子どもの人間関係能力の低下、つまり人間関係をうまくつくれない子どもが増えてきたということである。これは、子ども同士のかかわりを物理的に少くする少子化、人よりも物を相手に遊ぶことが多くなったという遊びの変化、及び学校の勉強以外にも塾や習いごとで追われる多忙化といった、子どもにかかわる社会的変化が原因して生まれた一般的傾向である。道徳とは、ひっきょう人間関係の在り方であり、人間関係能力の低下は、そのまま道徳的能力の低下につながるのである。

　(2)　教育の反省と課題

　我が国の社会にこのような悪い面をもたらした最大の思想的原因

は、いわゆる戦後民主主義とその教育にある。西欧の民主主義は、「市民」(18)の成熟の結果としての市民革命などを経てかちとったものであるのに対して、我が国では市民社会としての成熟がないところに、急に外から与えられた民主主義であった。したがって、民主主義の基本である人格尊重の精神は十分に育たず、教育の場でも、自由に義務や責任が伴わないと自分勝手にしかすぎないこと、また平等は人格としてであって、能力や権限などの平等は悪平等であることなどがしっかりと教えられなかったと言わざるを得ない。

　そうした民主主義に対する受容の誤りから、学校教育を支えるべき家庭と地域（社会）の教育力が大幅に衰退し、学校教育の偏向や混乱を生じさせた。企業は営利主義に流れて教育的配慮に欠け、家族間の心の絆は失われて親は放任か過保護となり、教師は労働者意識と事なかれ主義を強めていった。その結果として、生きる方向性を見失いアイデンティティの危機をもたらすニヒリズム(19)(20)と、他を思いやることなくひたすら自己中心的な快楽を追い求めるエゴイズム(21)という二つの傾向が、子どもたちの間に顕著になってきている。毎日の生活において生きる喜びを感じないで過ごしている子どもたちが増えつつあるのではなかろうか。それは言い換えれば、前章で述べた「情操」や「感性」が欠如しており、道徳的主体性が育っていないということにほかならない。つまり戦後の我が国においては、学校、家庭、地域（社会）のすべてにおいて、子どもたちの正しい道徳性を育てようとする姿勢が十分ではなかったということである。

　学習指導要領では、子どもの「生きる力」をはぐくむために「思考力、判断力、表現力、その他の能力」(22)をはぐくむことが重視されているが、そうした「力」の根幹となるものは、道徳的能力（道徳的主体性）であることを見おとしてはならない。また学習指導要領では「個性を生かす教育」(23)も重視されているが、人さまざまな個人的特性を尊重するあ

まりに、だれにも必要な道徳性の育成を軽んじるようになってはならない。「他者への思いやり」や「ボランティアの心」⁽²⁴⁾は、個性の問題ではなく道徳性の問題である。真の個性教育は道徳教育の基礎の上に行われるべきものであろう。

　子どもの変化は大人社会の反映である。現在の我が国における最大の課題は、このような社会状況を作った大人たちがまず自らの生き方を省みて生きる喜びに目覚め、そこから本来の民主主義を創造し、正しい道徳教育を推進することである。学校では道徳の時間だけでなく教育活動全体を通じて行う道徳教育の充実を図り、さらに学校・家庭・地域（社会全体と関係諸機関）が積極的に連携を図って生きる喜びを感じて生きる子どもを育てるという道徳教育こそ、我が国が今日的な課題としている人権教育、環境教育、国際理解教育、情報教育、生涯教育などを総合し、その軸となる基本的な教育として、求められているものと考える。

　正しい道徳教育とは、心の教育の基本として、人間存在への思索と、日本人及び日本文化への歴史的洞察をふまえた日本人としての自信と誇りの上に、世界に通用する道徳的主体性を確立させることである。その道徳的主体性を支え、ニヒリズムとエゴイズムの生き方を克服して、人間らしい生きる力の原動力となるのが生きる喜びである。これからの我が国を平和に幸福に発展させていくためには、どうしても次代を担う子どもたちへの道徳教育を十分にしておかなければならない。それは私たち大人の義務であり、子どもが人間として成長する権利を保障することである。人間が人間たるゆえんは、人間が道徳的存在であるということである。子どもたちが、だれでも、いつも、どこにいても、そのことを忘れずに、生きる喜びを求めて生きることを私たちは期待したい。

第3節　諸外国の道徳教育

　我が国の道徳教育の在り方を考えるにあたって、諸外国の道徳教育、もしくは道徳教育にあたるものの現状について学び、それらと比べて国際的視野から考察することも大切である。

　各国の道徳教育といっても、その国の歴史や国情によってとらえ方がかなり異なるし、また最近の国内・国際情勢の変化によって、国によってはかなり流動的で、とらえにくいところもある。ここでは、できるだけ新しい資料[25]をもとにして、把握できた情報の範囲で、いくつかの国の学校における道徳教育の状況について概観することにする。

1　アメリカ（アメリカ合衆国）

　アメリカの子どもたちの実態をみると、家庭崩壊の進行を背景として、飲酒・麻薬使用・暴力・窃盗・10代女性の妊娠など、深刻な問題が激増しつつある。このような状況を改善するために、子どもの価値観を育成する教育（価値教育とよばれる）への社会的関心は大きく、国としても教育改革の一環として熱心に取り組んでいる。

　一般に、アメリカの公立学校では、正規の時間に宗教教育を行うことは禁止されている。また価値教育を単独で行うという発想はなく、大部分はカリキュラムに特別の時間を設置せず、学校教育全体を通じて価値の教育を行っている。

　アメリカの価値教育の理論と実践は多様であるが、その中でも有力なものとして三つの立場がみられる。それは、品性教育[26]、価値明確化教育[27]及び発達理論に基づく教育[28]である。品性教育とは、その地域の多くの人々が大切と考え、子どもに身につけてほしいと思う価値観を選定し、

それを子どもに教えて、健全な品性を培おうとするものである。アメリカの教育行政上で最も重視されているのはこの立場であり、1994年には品性教育を強調した「アメリカ学校改革法」が公布され、連邦政府によってその推進が図られている。現在、品性教育の開発に取り組む研究実践校は徐々に多くの州に広がりつつあり、また品性教育のカリキュラム開発のための機関も、全米で20以上を数えている。

　次に価値明確化教育とは、特定の価値を子どもに注入するのではなく、子どもが十分考慮して自ら望ましい価値を選択し（価値明確化の過程という）、それに基づいて行動するように援助するものである。この立場は、価値というものは各個人の経験をもとに、その人なりに設定されるのであり、人によって異なるものであるという考え方に立つ。この教育は、1960年代に一時ブームとなったが、その後、子どもの自分勝手なエゴを認めることになるという批判もなされるようになった。

　さらに発達理論に基づく教育とは、コールバークの理論をもとにしたもので、子どもの道徳性の発達段階の重要性を提起し、各段階に適した道徳的な葛藤場面に関する討論（ディレンマ・ディスカッション）を行わせることによって、子どもの道徳的な思考や判断を一段階ずつ着実に高めていこうとするものである。最近は「一人一人が等しく尊重される公正な共同社会（ジャスト・コミュニティ）」としての学級や学校づくりのための討論を進めて成果をあげている実践例もみられる。しかしこの立場に対しても、道徳的な行動に結びつかないとか、基本的な価値はきちんと教えるべきであるといった批判もなされている。

2　イギリス（グレートブリテン及び北部アイルランド連合王国）

　イギリスでも子どもたちによる反社会的で反道徳的な行動が多発し、人々の関心を集めている。そして、コミュニティの中心としての学校は、道徳教育における強力な指導力を発揮し、社会全体の悪を正すよう

期待されている。

　イギリスでも、学校における道徳教育は、すべての教育活動を通じて行われる。しかしキリスト教が歴史的に学校教育の道徳的側面に対して大きな影響力をもっており、1944年教育法によって非宗派的な宗教教育を行うことが義務づけられたが、それもキリスト教を前提としたものであった。

　1998年の教育改革法で、イギリスで初めて全国共通のカリキュラム（公立のみ。5～16歳までの義務教育。）が導入された。そこでも宗教教育は重視されているが、信仰の自由を保証するため必修教科としては位置づけられておらず、学校全体をあげての道徳教育のアプローチが強調されている。[29]

　最近、宗教教育によらないで行う世俗的な道徳教育として、新しく開発されつつあるのがPSE（Personal and Social Education 人格教育、または個性と社会性の教育）である。これは、子どもの人格と社会性の発達にかかわるすべての教育活動の総称であり、学校によってさまざまな形で展開が試みられている。具体的には、例えば教育課程の一部として教科に関連させたり主題による特別コースを開設したりして展開するもののほか、子どもと教師の相互の尊重を基盤とした学習コミュニティ（学級）の構築や、教師と子ども代表による学校協議会、グループによる作業体験といった課外活動などが行われている。

3　ドイツ（ドイツ連邦共和国）

　ドイツでは東西ドイツの統一によって、対立を克服したドイツ全体としての国民意識の形成や、伝統的価値観と民主主義的価値観の両立を図っていくことが、学校教育の課題となっている。しかし、ドイツを構成する16の州の自治が強いためもあって、全国的に共通な教育上の特色をまとめて述べることは難しい。したがって、ここでは旧西ドイツの学

校における道徳教育の実態について述べることにする。旧東ドイツでも、基本的には西ドイツの教育課程にあわせて教育を行うことになっている。

西ドイツでも道徳教育はすべての教科を通じて行うという立場に立っているが、その中心として教科としての宗教教育が戦前から行われている。宗教科の授業時数は、地域によって異なっているが、原則として初等教育・中等教育を通して週2時間から4時間が設けられている。その内容は、キリスト教信仰に基づいた道徳教育が目指されている。宗教科の担当は必ずしも聖職者とは限られていない。

最近では、子どもたちの教会ばなれの傾向が強く、また子どもたちの問題行動が増加してきたので、道徳教育への社会的な関心も高まり、宗教科の内容についても、現代社会の直面する問題を取り入れたりして、子どもの関心を配慮する改善がなされている。それとともに、郷土愛や家族意識を育てる公民教育や集団の秩序や礼儀を守らせるためのしつけ教育など、伝統的に重視されてきて変わらないものもある。

なお、中等教育においては、宗教を信じなかったり宗教教育の自由を主張して宗教科の授業に参加しない者は、それにかわるものとして「倫理科」の授業を受けるのが普通である。

4　ロシア（ロシア連邦）

1991年に消滅したソビエト社会主義共和国連邦においては、共産主義国家ソ連を祖国として愛し、祖国のために役立つ人間を育成することが、家庭・学校・社会を一貫してのソ連教育の目標であった[30]。それは、そのままソ連の道徳教育であったと言えよう。

ソ連からロシアへという国家体制の大きな変動を受けて、ロシアは現在、家庭の崩壊や少年犯罪率の上昇など、深刻な道徳的危機に陥りつつある。このような状況の中で、道徳に関する教育は、教育課程の目指す

最も重要な目標の一つになっている。そして、多くの学校では、ロシアの歴史と文化をふまえながらも、今までの道徳教育を支えていたマルクス・レーニン主義の価値に代って、正義・真実・思いやり・自由といった民主主義的な「共通の人間の価値」に置き換えることが試みられている。また、他の民族や他国民に対する深い尊敬を含んだ新しい国家主義を育てることも課題になっている。

ロシアの学校では、特設の道徳の時間はなく、道徳教育は学校教育全体で行う。宗教教育については、学校は非宗教性を保持することが定められているが、一部の学校では聖職者を招いて講義をさせたり、子どもたちと一緒に活動させたりしている例もみられる。指導の展開としては、例えばロシアの文化・芸術を学ぶ、家族の歴史を集める、物語を作成して発表しあう、地方へ団体旅行をする、劇を演ずる、道徳についての討論をする、公共団体への奉仕活動をするなど、かなり多様な工夫がなされている。

5　中国（中華人民共和国）

中国の道徳教育の主目的は、憲法にも示されているように、「社会主義的精神文明」を涵養することである。(31)この「社会主義的精神文明」とは、単的に言えば共産主義道徳にほかならない。

そして小学校では「思想品徳」（政治思想と道徳）の授業をはじめ、4年生以上の「労働の時間」、さらに「語言」（国語）、「地理常識」「歴史常識」などの授業を通して、道徳教育が行われている。全体的に、中国の道徳教育は、政治思想教育や労働教育と一体化して、祖国を愛し祖国のために働く人間を育成することを目指しているところに特色がみられる。

このような道徳教育は、小・中学校段階の学校教育だけではなく、大学からさらには各職場や一般社会に至るまでさまざまな形で実践されて

おり、日常生活まで規制する徹底したものとなっている。

6　韓国（大韓民国）

　韓国では学校における道徳教育が非常に重視されており、小学校と中学校では週2時間の道徳授業が、高等学校では週1時間の倫理授業が必修となっている。カリキュラムは文部省が作成したものに従い、教科書も文部省が作成したものを用いる。指導担当は小学校ではクラス担任、中・高校では道徳教育の免許を取得した教員が当たる。内容としては、民族・国家を越えた民主主義的な価値を取り入れながらも、自民族の伝統文化や独立運動の歴史などを学習させることが愛国心を育てることに結びつくとして重視されている。

　具体的には、小・中学校の内容は五つの生活領域（個人、家庭と近隣社会、市民生活、国家生活、民族統一と国防）がたてられて、それぞれに価値（徳目）が定められており、高等学校の内容は六つの柱（個人生活における倫理、倫理思想の流れ、社会的状況における倫理、倫理と国家生活、南北韓国の統一と繁栄）から成り立っている。また指導法としては、ソクラテス的な討論法が推せんされてきたが、現実には教師の講義による授業が主流を占めている。

　このような韓国の道徳教育も、過去50年を振り返って、成功を収めてきたとは言いがたい。今後、教師の指導力を高める研修の充実を図ること、学校における道徳教育の内容や方法の改善を進めること、学校という枠を超えて家庭や地域社会との教育的な連携を強めることが課題とされている。

注

（1）　「民主主義」と訳されるdemocracyの語源はギリシア語のdemokratia（demos 人民＋kratia 支配）で「人民の支配」を意味する。政治の在り方としては、アメリカ第16代大統領リンカーンの演説にある「人民の、人民による、

人民のための政治」という言葉が、その特色をよく示している。その根本思想は多数者の意志の尊重であり、現在では広く生活全般にわたって民主的であることが最良の在り方として考える世界的な傾向がある。

（２）　Blaise Pascal（1623〜62）フランスの数学者・物理学者・哲学者。人間の二重性を自覚し、主著『パンセ』において、人間は自然の中で最も弱い一本の葦にすぎないが、考える葦として自然を超え、偉大であると説いている。

（３）　最近のバイオテクノロジー（生命工学）の進歩は、臓器移植に伴う死の判定、重症患者の安楽死の問題をはじめ、男女の産み分けや代理母、出産前の遺伝子診断による障害児発見と中絶、さらには新種生物を人工的につくりだす合成技術や同一遺伝子をもつコピー生物を誕生させるクローン技術の人間への適用など、道徳（倫理）的にどこまで許されるかという大きな課題を私たちに提起している。「21世紀は生命科学の時代」と言われ、まず科学者が生命の尊厳を忘れずに研究を進めていくことが強く求められている。

（４）　最初の修身科はしつけ的な内容はあったが、道徳性の育成というよりは、「立身治産昌業」のための独立自営の生活者を育てることに重きが置かれていた。

（５）　我が国はずっと天皇が統治してきた国であるという考え方。

（６）　当時は道徳教育について、欧化思想や国粋思想など、さまざまな立場からの論争が展開されていたが、それに終止符を打ったのが教育勅語の発布である。教育勅語は昭和20年の終戦に至るまで、修身や国史の教科内容を支配しただけでなく、学校教育そのものの目標であり、さらには国民全体の守るべき価値規準でもあった。次にその全文を示す。

教育ニ関スル勅語

朕惟フニ我カ皇祖皇宗国ヲ肇ムルコト宏遠ニ徳ヲ樹ツルコト深厚ナリ我カ臣民克ク忠ニ克ク孝ニ億兆心ヲ一ニシテ世世厥ノ美ヲ済セルハ此レ我カ国体ノ精華ニシテ教育ノ淵源亦実ニ此ニ存ス爾臣民父母ニ孝ニ兄弟ニ友ニ夫婦相和シ朋友相信シ恭倹己レヲ持シ博愛衆ニ及ホシ学ヲ修メ業ヲ習ヒ以テ知能ヲ啓発シ徳器ヲ成就シ進テ公益ヲ広メ世務ヲ開キ常ニ国憲ヲ重シ国法ニ遵ヒ一旦緩急アレハ義勇公ニ奉シ以テ天壌無窮ノ皇運ヲ扶翼スヘシ是ノ如キハ独リ朕カ忠良ノ臣民タルノミナラス又以テ爾祖先ノ遺風ヲ顕彰スルニ足ラン

斯ノ道ハ実ニ我カ皇祖皇宗ノ遺訓ニシテ子孫臣民ノ倶ニ遵守スヘキ所之ヲ古今ニ通シテ謬ラス之ヲ中外ニ施シテ悖ラス朕爾臣民ト倶ニ拳々服膺シテ咸其徳ヲ一ニセンコトヲ庶幾フ

　　　明治二十三年十月三十日
御名御璽

（7） 1941年12月8日、我が国のアメリカ、イギリス両国に対する宣戦布告に始まった太平洋地域の戦争。当時の我が国政府は大東亜戦争とよんだ。第二次世界大戦の中に含まれ、1945年8月14日、我が国の敗戦で終った。
（8） 第二次世界大戦が終った時に我が国を占領したアメリカ軍を主力とする日本占領連合国軍の略称。占領軍の最高司令官はアメリカのダグラス・マッカーサー元帥であった。
（9） 戦後制定された学校教育法によって、我が国の義務教育は小学校六年、中学校三年の九年間となり、さらに高等学校三年、大学四年を加えて六・三・三・四制の学校制度が定められた。六三制とはその略称である。
（10） アメリカ各州の Social Studies をモデルとして設置された新しい教科で、1947（昭和22）年に出された最初の学習指導要領で初めて登場した。そして民主教育推進のにない手のようにはなばなしく迎えられた。社会科の性格については「社会科の任務は、青少年に社会生活を理解させ、その進展に力を致す態度や能力を養成すること」（最初の学習指導要領）と述べられている。つまり、道徳教育を含まないわけではないが、道徳教育のための教科ではなかった。
（11） 今回の学習指導要領の改訂では、道徳の時間の指導について、「（学級担任の教師が行うことを原則とするが、）校長や教頭などの参加、他の教師との協力的な指導などについて工夫し、道徳教育推進教師を中心とした指導体制を充実すること」［（ ）内は中学校のみ］と規定されている。
（12） 日本教職員組合の略称。全国的な教職員団体として1947（昭和22）年に結成された。1958（昭和33）年には公立学校教職員のうち86.3パーセントの組織率を示したが、最近は組織率の低下傾向が続き、2006（平成18）年では29.5パーセントになっている（文部科学省調査）。現在は、他の教職員組合もある。
（13） 2004（平成16）年の高等学校等への進学率は97.5パーセント、大学・短大等の進学率は45.3パーセントとなっている（内閣府『平成17年版 青少年白書』）。
（14） 我が国の経済は、1990年からのバブル崩壊によって長期不況となり、それに伴って全国の自治体の財政難は深刻化し、金融機関の経営破たんも相次いでいるが、一般の人々の間には依然として「消費は美徳」の風潮が強く、危機感はあまりみられない。
（15） 「学力」には①関心・意欲・態度といった「学ぼうとする力」②思考・判断・技能といった「学ぶ力」③知識・理解といった「学んだ力」の三つの要素があると考えられる。戦後の我が国では、特に学校の入試との関連で「学んだ力」が重視されてきたが、それに対して知育偏重とか丸暗記教育などといった批判もなされている。

(16) 子どもに見られる問題行動は、一般的に反社会的行動と非社会的行動の二つに分けて考えられることが多い。反社会的行動とは、他の人に迷惑をかける、いわば他罰的な行動で、対物破壊、盗み、恐喝、傷害、殺人など、ふつう非行とか不良行為とよばれるものが中心になっている。それに対して非社会的行動とは、自分自身を内から責める、いわば自罰的な行動で、自閉、緘黙、不登校、薬物乱用、自殺などが含まれる。実際には、いじめや家庭内暴力などのように、反社会的及び非社会的行動の両者が複雑にからみあって起こるケースも珍しくない。

(17) virtual reality 一般に「仮想現実」と訳される。人間の感覚にコンピュータを使って直接情報を提示して、人間の周囲に人工的な空間（仮想の環境）をつくりだし、あたかも現実の環境のような疑似体験をさせること。この技術は、特に映像（動画）メディアを用いることによって現実感を強めることができ、さまざまな分野で応用されている。例えば遊具としての体感ゲーム、車や航空機の運転・操作法の学習、家屋の中の家具配置の検討、病気治療やスポーツ訓練としてのメンタル・トレーニングなどである。

最近は、テレビ・ビデオ・テレビゲーム・劇画などの著しい普及によって、子どもたちがバーチャル・リアリティの中で過ごす時間が長くなり、そのため非現実的な視点からしかものが見られなくなっているという傾向が指摘されている。特に人権意識や「いのち」の尊さについての実感が希薄になっていることは、大きな問題である。

(18) 「市民」とは、歴史的にみると、封建社会における身分制度の後に形成された近代社会の担い手となった都市の中産階級のことである。ここでは、真の自由・平等を自覚し、政治参加のための意欲と教養をもった個人という意味で使っている。類似した言葉として「公民」がある。このような個人によって構成された社会が市民社会である。

(19) identity 同一性、自己同一性などと訳される心理学・精神分析学上の用語。アメリカの心理学者エリクソン（1902〜94）が唱え、やがて一般化した。人間は「〜として」というたくさんの自分を持ち、それを使いわけて生きているが、いつでも「自分は自分である」という独自な自分の存在を認める意識と、他からも自分の存在が認められているという意識が、確信として持てることをアイデンティティという。この確信を持つことが困難な状況が「アイデンティティの危機」である。

(20) nihilism 虚無主義と訳される。既成の権威や価値をすべて否定する思想。19世紀に西欧で生まれ、ロシアの作家ツルゲーネフ（1818〜83）の『父と子』によって一般化された。

(21) egoism 利己主義と訳される。自分の利益のみを中心にし、他人の利益を考えないか、自分の利益になるかぎりで他人の利益を考える思想。通俗的には、自分勝手・わがままといった意味で使われることが多い。

(22)(23) 小・中・高校の学習指導要領では、共通して「第1章総則 第1 教育課程編成の一般方針」の中で、学校の教育活動を進めるに当たっては、子どもの「生きる力」をはぐくむことを目指して、「思考力・判断力・表現力その他の能力」や「個性を生かす教育の充実」に努めなければならないことを述べている。「生きる力」とは、本文第2章で述べた通り、生命情操に結びついた感性の働きであり、「生きる喜び」を原動力とするものである（巻末資料2参照）。

(24) volunteer 語源はラテン語の voluntas で、自由意志を意味する言葉。現在では、収入を目的とせず、自発的に社会や他者に役立つことをする人、又はその活動を意味する言葉として用いられている。

(25) 諸外国の道徳教育については、次の書物（資料）を参考にした。
・横山利弘他五名「諸外国の道徳教育」（日本道徳教育学会『道徳と教育』第30巻・第7号、1990、5、3）
・サミュエル・ゴンバーク他11名「各国の道徳教育」（モラロジー研究所『第二回道徳教育国際会議発表論文集』1995、8、28)
・伴恒信・坂本雅彦「諸外国における道徳教育」（中野重人・押谷由夫編著『未来をひらく道徳教育の研究』保育出版社、1998）
・二宮皓「価値の教育と宗教」（宮澤康人・小林雅之編著『世界の教育』放送大学教育振興会、1998）
・武藤孝典「アメリカ合衆国における人格・価値教育の進展」（日本道徳教育学会第54回大会、1999、11・20）

(26) Character Education の訳。人格・価値教育とも訳される。アメリカにおける道徳教育の伝統的な方法である。最近のアメリカでは、子どもの道徳性について、character（品性）という語で表現することが多い。ジョージア州では1997年に他州に先がけて学校における品性教育を法制化した。州教育局は、教えられるべき価値概念の中核をなすものとして、市民性、他者に対する尊敬、自己に対する尊敬の3つを指摘している。

(27) 1960年代の社会的変動（黒人の公民権運動の高まり）とともに、相対主義的立場からの道徳教育の方法として提唱されるようになった。これは当時のアメリカにおける来談者中心療法の発展とも連動している。

(28) 心理学者コールバーク（Lawrense Kohlberg 1927～87）の道徳性の発達に関する研究を基盤とした道徳教育の方法である。アメリカの道徳教育研究者

には、この立場に立つ者が多い。これは、認知的な道徳性の向上を発達課題としてとらえたものと言えよう。

(29) イギリスのエリート養成機関であるパブリック・スクール（私立中等学校の一種）では、「聖書」が教科目の筆頭を占めている。

(30) 1943年に制定された「生徒守則」は、生徒の義務として20か条の事項を具体的に定めているが、その第１条には「教養のある文化的な市民となり、かつ祖国ソビエトにできうるかぎり利益をもたらすために、忍耐強く、根気強く、知識を身につけること」と示されている。

(31) 「中華人民共和国憲法」（1982年制定、1993年改正）の第24条には「国家は、理想教育、道徳教育、文化教育、規律及び法律教育の普及を通じて……社会主義的精神文明の建設を強化する」と定められている。

第4章　学校における道徳教育

第1節　学校における道徳教育の位置づけ

1　学校の教育活動と道徳教育

　学校は家庭や地域（社会）と比べて、最も計画的・意図的・組織的に教育活動を行う場である。「学校教育の目的や目標を達成するために、教育の内容を児童（生徒）の心身の発達に応じ、授業時数との関連において総合的に組織した学校の教育計画」を教育課程（カリキュラム）という。学校教育の目的、目標及び教育課程の編成の原則については、日本国憲法の精神にのっとり、教育基本法、学校教育法、同施行規則によって定められている。そして小学校の教育課程は、各教科、道徳、外国語活動、総合的な学習の時間及び特別活動によって、中学校の教育課程は各教科、道徳、総合的な学習の時間及び特別活動によって、さらに高等学校の教育課程は各教科に属する科目、総合的な学習の時間及び特別活動によって編成するものとされている。
　こうした教育課程の編成は、学校の教育活動を領域概念としてみたものであって、どの学校にも必ず作成されている教育課程表は、その学校の教育活動を領域的に示したものである。それに対して、学校の教育活動を機能概念としてみると、学習指導と生徒指導（小学校の児童指導を含む。）に分けられる。つまり、学校の教育活動には、領域と機能という二つの見方があり、教育課程を編成するすべての領域に、学習指導と

生徒指導という二つの機能が働くという構造になっている。

　このような各学校における教育課程の具体的な編成及び実施に当たっては、学校教育法施行規則の規定に基づいて、文部科学大臣が公示する小・中・高校の校種別の学習指導要領に従わなければならない。学習指導要領は、国として一定の教育水準を保つために定められた教育課程の大綱的な基準である。

　それでは、道徳教育は、学校における教育活動とどのようにかかわるのであろうか。道徳教育は、広義においては教育そのものと目的を同じくするから、学校教育を目的概念としてみたものと言うこともできる。しかし、領域か機能かという視点からみれば、道徳教育は学校における教育活動の一つの機能とみるべきである。それは、小・中・高校の学習指導要領を一貫して、学校における道徳教育は「学校の教育活動全体を通じて行う」と定められているところからも明らかである。

　このように道徳教育は各教科や特別活動などのすべての領域で働く機能であるが、それは学校のすべての教育活動がそのまま道徳教育であるということではない。各教科や特別活動などにおいて、それぞれの領域としての特質に応じて固有の目標を目指す指導の中で、道徳教育として意味のある指導が併せてなされるということである。小・中学校に特設されている道徳の時間は、領域の特質と道徳教育の機能が直結する場であり、学校における道徳教育の核になるものである。

　学校教育に対しては、機能的な視点から、国際理解教育、人権教育、情報教育、福祉教育、環境教育、消費者教育など、今日的な課題に対応してさまざまな教育が要請されている。それらの中でも、道徳教育は学習指導及び生徒指導と深くかかわり、学校における最も基本的な位置を占める重要な機能と言うことができよう。

2　学校における道徳教育の特質

学校における道徳教育は、教育全体がそうであるように、家庭や地域(社会)で行う道徳教育に比べて、計画的・組織的・意図的であることを特質とする。

まず第一に計画的ということであるが、教師は道徳教育における道徳性(道徳的主体性、感性)の育成という究極目標を明確に認識した上で、子どもの発達段階や地域・学校の実態をよくふまえ、それに沿って計画性のある指導をしなければならない。道徳教育の指導計画としては、学校における教育の全体計画や各教科・領域ごとの指導計画にどのように関連づけて考えるかが課題となる。特に小・中学校の学習指導要領では、学校においては「道徳教育の全体計画と道徳の時間の年間指導計画を作成するものとする[5]」と示されており、道徳教育独自の指導計画として、各学校は「道徳教育の全体計画」を作成し、それに基づいて「道徳の時間の年間指導計画」を作成することを定めている。小・中学校では、その他に、学級における指導計画と道徳の時間の学習指導案を加えて、四つの指導計画が考えられる。

高等学校の学習指導要領では、小・中学校のような道徳教育の指導計画の作成についての明確な規定はないが、各学校においては、「学校の創意工夫を生かし、全体として、調和のとれた具体的な指導計画を作成するものとする[6]」という規定があり、また学校における道徳教育は「各教科に属する科目、特別活動及び総合的な学習の時間のそれぞれの特質に応じて適切な指導を行わなければならない[7]」とあるので、それらを併せて考えると、高等学校でも学校としての全体的な指導計画を道徳教育の視点も加味して作成することが求められていると言えよう。

なお、いずれの指導計画についても、実施に当たって、子どもや学級・学校の実態などに応じて、一部の変更や修正を行う必要性が生じることもあるが、そうした弾力的な扱いについては、あくまでもより大き

な指導効果を期待できるという判断のもとに行い、それを今後の検討課題としていくことが大切である。

　また指導の内容や方法については、子どもの日常における具体的な生活の中でのさまざまな道徳的経験を取り上げ、それを心の全体にわたって内面化された道徳性の育成に結びつけるような指導計画を作成することが大切である。

　第二に組織的という特質であるが、学校における道徳教育は、教育活動全体を通じて行うものであるから、すべての教師がそれぞれの担当・役割を果たす中で、教師集団としての連携・協力を密にして、すべての子どもの道徳性指導に配慮しなければならない。それは、小・中学校では、主として学級担任の教師が指導する道徳の時間(9)を中心として、各教科、特別活動、総合的な学習の時間及び各学年相互間の関連を図り、系統的・発展的な指導ができるようにすることとも言える。

　また学校の全体計画の作成に当たっては、校長をはじめ全教師の参加と協力によって作成することはもとより、子ども、保護者及び地域の人々の意見を活用することも、組織的な道徳性指導を進める上で留意すべき点である。道徳教育は学校だけがその責任を負うものではない。「道徳教育にとっても家庭や地域社会の果たす役割は重要」であり、「学校、家庭、地域が相互に結び付きを深める(10)」ことが大切である。

　第三に意図的という特質であるが、学校における道徳教育は教育活動全体を通じて、つまり学校内のどこでも、いつでも行うということが、ややもすればどこでも、いつでも行わないという状況をもたらしやすいので、教師は常に子どもへの責任感と道徳性指導への意欲を新たにして、一人一人の子どもと積極的にかかわるように努めなければならない。

　実際の指導に当たっては、作成された指導計画によって単に画一的・形式的に指導をするのではなく、多様な一人一人の子どもを生かし育て

るために、その場その場での、適切な判断に基づくいきいきした指導をすることが大切である。そのためには、教師は平素道徳教育についての研修に努め、意欲的に実践を積み重ねることによって、道徳教育の専門職としての誇りを高め、人間存在に対する謙虚さを深めて、子どもたちに接するように心掛けることが必要である。

第2節　道徳教育の目標と内容

1　道徳教育の目標

全体的な道徳教育の目標　学校における全体的な道徳教育の目標については、小・中・高校を一貫して、学習指導要領に次のように示されている。

　　道徳教育は、教育基本法及び学校教育法に定められた教育の根本精神に基づき、人間尊重の精神と生命に対する畏敬の念を家庭、学校、その他社会における具体的な生活の中に生かし、豊かな心をもち、伝統と文化を尊重し、それらをはぐくんできた我が国と郷土を愛し、個性豊かな文化の創造を図るとともに、公共の精神を尊び、民主的な社会及び国家の発展に努め、他国を尊重し、国際社会の平和と発展や環境の保全に貢献し未来を拓く主体性のある日本人を育成するため、その基盤としての道徳性を養うことを目標とする。[11]

　これは、第1章第2節において述べた道徳教育の広義及び狭義の定義を統合し、我が国の道徳教育の目標として、さらに詳しく明確化したものと言える。つまり、民主的な国家を建設し、世界の平和に貢献する日本人という、教育全体のめざす人間像の基盤として道徳性を位置づけ、その道徳性を養うことを道徳教育の目標として定めている。

　そして、道徳性の根本的なものとして「人間尊重の精神と生命に対す

る畏敬の念」を示していることは、本書で道徳の根元として提言した「生命情操」[12]と深い関連をもつものとして、特に重視したい。

道徳の時間の目標　次に小・中学校における道徳の時間の目標については、学校の教育活動全体を通じて行う道徳教育の目標に基づき、各教科・特別活動・総合的な学習の時間などにおける道徳教育と密接な関連を図りながら、これを「補充・深化・統合」し、道徳的実践力を育成することと学習指導要領に示されている[13]。つまり、道徳の時間は、各教科や特別活動などの各領域で学習した道徳的価値の内面化を図るため、道徳性の全体にわたって計画的、発展的に指導し、全教育活動での道徳教育の要となる役割を担っている。道徳的実践力とは道徳性が具現化されたものであり、道徳的な心情、判断力、意欲と態度などを包括した能力であるが、この道徳的実践力こそ、本書で述べている道徳的主体性であり、さらには感性の働きにほかならない。

　また道徳の時間の目標として、中学校学習指導要領では、道徳的実践力の育成のために、道徳的価値の自覚とともに「人間としての生き方についての自覚を深め」ることが求められているが、小学校の学習指導要領では、「自己の生き方についての考えを深め」ることとなっている。これは、子どもの道徳性の発達を考慮して、小学校段階と中学校段階における道徳教育のキーワードを区別して示したものである。

公民科の目標　小・中学校における道徳の時間の役割は、高等学校では公民科という教科に発展的に継承されていると考えられる。高等学校学習指導要領をみると、公民科の目標の中に「人間としての在り方生き方についての自覚」を育てることが示されている。公民科のうち「現代社会」「倫理」の2科目の目標にも「人間としての在り方生き方について」という語句がみられる[14]。これは明らかに道徳教育の目標と直結するものであり、「高等学校段階の生徒が人間としての望ましい在り方を踏まえて自己の生き方を主体的に選び取り、意義ある人生を送れるよう

になることを目指すものであることを示している」⁽¹⁵⁾のである。つまり中学校段階での「人間としての生き方について」をふまえ、その発展として「人間としての在り方生き方について」理解させ考えさせることが高等学校段階の道徳教育の特質と言うことができる。

　特別活動の目標　さらに道徳の時間や公民科の科目を要として道徳教育を推進していくためには、他の領域、特に特別活動との密接な関連づけを図ることがきわめて大切である。学習指導要領で特別活動の目標をみると、小・中・高校を一貫して「望ましい集団活動を通して」という言葉で始まっている。つまり、集団の場での指導ということと何らかの実践的な活動を通しての指導ということが、特別活動の指導原理と言える。道徳教育の目標は、このような特別活動の集団的実践的な場面における指導を通して達成されることが多い。

　校種別に特別活動の目標を比べてその表現の異なる部分を抜き出してみよう。

　　小学校　「……自主的、実践的な態度を育てるとともに、自己の生き方についての考えを深め、自己を生かす能力を養う。」

　　中学校　「……自主的、実践的な態度を育てるとともに、人間としての生き方についての自覚を深め、自己を生かす能力を養う。」

　　高等学校　「……自主的、実践的な態度を育てるとともに、人間としての在り方生き方についての自覚を深め、自己を生かす能力を養う。」⁽¹⁶⁾

　このうち、「自主的・実践的態度」が道徳性と関連があることは言うまでもないし、その上で小学校段階では「自己の生き方」、中学校段階では「人間としての生き方」、高等学校段階では「人間としての在り方生き方」といったそれぞれの段階の道徳教育を特色づける言葉が付け加わっており、特別活動の指導が子どもの発達段階に応じて道徳教育と深い関連をもっていることがわかる。

総合的な学習の時間の目標　総合的な学習の時間は、平成10・11年の学習指導要領改訂によって小（第3学年から）・中・高校を通して新設されたもので、各学校が地域や学校、子どもの実態等に応じて、横断的・総合的な学習や子どもの興味・関心等に基づく学習など、創意工夫を生かして行う教育活動の領域である。そして、その時間の名称については、各学校において適切に定めるものとされている。

この総合的な学習の時間のねらいとしては、自ら学び自ら考えて問題を解決する力を育てることとともに、自己の生き方を考えることができるようにすることが示されている。（高校では「自己の在り方生き方を考えることができる」となっている。）これらは前述のように道徳教育を特色づける言葉であり、それによって総合的な学習の時間も道徳教育と深い関連をもっていると考えられる。

2　道徳教育の内容

道徳の内容　小・中学校における道徳教育の内容は、学習指導要領に道徳の内容として示されている。それをみると、小・中学校の一貫性に配慮して、小・中学校共通に、道徳性をまず次のような四つの視点からとらえている。これは、人間がさまざまなかかわりの中で生存し、そのかかわりにおいてさまざまな道徳性を発現させるものであることをふまえている。

1　主として自分自身に関すること。
2　主として他の人とのかかわりに関すること。
3　主として自然や崇高なものとのかかわりに関すること。
4　主として集団や社会とのかかわりに関すること。

そして道徳の内容項目をこれらの視点から分類整理して示しているが、項目の総数は子どもの発達段階を考慮して、小学校では低学年16項目、中学年18項目、高学年22項目、中学校では学年の区別がなく24項目

としている。[17]

　これらの内容項目は、小・中学校の時期に子どもに体得させたい道徳的価値を短い文で平易に表現したものである。指導に当たっては、定められた目標を十分にふまえて、四つの視点の深い関連に配慮し、各項目を正しく理解するとともに、項目相互の関連についても十分に考慮することが必要である。また、内容項目の配列は指導の順序を示すものではなく、道徳的価値の内容のすべてを示すものである。したがって、この内容は道徳の時間の指導内容であるだけでなく、学校の教育活動全体を通じての道徳教育の内容でもある。

　公民科の内容　高等学校の公民科のうち、まず「現代社会」の内容は、「(1)私たちの生きる社会」「(2)現代社会と人間としての在り方生き方」及び「(3)共に生きる社会を目指して」という三つの大項目から成り、(2)の大項目は、「ア　青年期と自己の形成」「イ　現代の民主政治と政治参加の意義」「ウ　個人の尊重と法の支配」「エ　現代の経済社会と経済活動の在り方」及び「オ　国際社会の動向と日本の果たすべき役割」の五つの中項目によって構成されている。つまり、この科目では現代社会における社会、経済、政治、国際関係などについての理解を深めるとともに、それとの関連において人間としての在り方生き方について考える力を養うという内容になっている。

　また「倫理」の内容は「(1)現代に生きる自己の課題」「(2)人間としての在り方生き方」及び「(3)現代と倫理」という三つの大項目から成っている。内容からみても道徳教育としての役割の大きい科目であることは明らかである。[18]

　特別活動の内容　次に学習指導要領で特別活動の内容についてみると、小・中・高校ともすべての内容を通じて子どもの自主的、実践的な活動が助長されるように配慮することが定められており、特に学級活動の内容として、小学校では「基本的な生活習慣の形成」「望ましい人間

関係の形成」などがあり、中学校では「自己及び他者の個性の理解と尊重」「社会の一員としての自覚と責任」「男女相互の理解と協力」「望ましい人間関係の確立」「ボランティア活動の意義の理解と参加」などが示されている。高等学校でもホームルーム活動の内容として「自己及び他者の個性の理解と尊重」「社会生活における役割の自覚と自己責任」「男女相互の理解と協力」「コミュニケーション能力の育成と人間関係の確立」「ボランティア活動の意義の理解」「国際理解と国際交流」などが示されている。これらが目標を受けて道徳教育と特に深く関連する内容と考えられる。

総合的な学習の時間の内容　　この時間で取り扱う内容を学習指導要領でみると、小・中学校では国際理解、情報、環境、福祉・健康などの横断的・総合的な課題や、子どもの興味・関心に基づく課題などについて学習活動を行うものとされている。これらの課題は当然ねらいをふまえて学習するものであり、どれをとっても自己の生き方にかかわる道徳的な課題を含んでいると考えられるので、内容からみても総合的な学習の時間は道徳教育と関係が深いと言うことができる。

高等学校では、小・中学校での内容のほか、「自己の在り方生き方や進路について考察する学習活動」という内容が加わっており、道徳教育との関連がより明確になっている。[19]

第3節　道徳教育の計画と実践

1　道徳教育の全体計画

道徳教育の全体計画は、学校の教育活動全体を通して道徳教育の目標を達成するための総合的な教育計画であり、本章第1節の2で述べたとおり、小・中学校において作成することが学習指導要領で定められてい

る。そして、全体計画は次のような意義をもっている。
(1) 豊かな人間形成の場として、各学校の特色や実態及び課題に即した道徳教育が展開できる。
(2) 学校における道徳教育の重点目標を明確にして取り組むことができる。
(3) 道徳教育の要(かなめ)として、道徳の時間の位置づけや役割が明確になる。
(4) 全教師による、一貫性のある道徳教育が組織的に展開できる。
(5) 学校が家庭や地域（社会）との連携を深め、保護者や地域の人々の積極的な協力を可能にする。

全体計画は、各学校において独自に作成するものであるが、『中学校学習指導要領解説－道徳編－』では、次のような事項を含めて作成することが望まれるとして内容とすべきことを示している。
(1) 基本的把握事項
　ア　教育関係法規の規定、時代や社会の要請や課題、教育行政の重点施策
　イ　学校や地域の実態と課題、教職員や保護者の願い
　ウ　生徒の実態や発達段階等
(2) 具体的計画事項
　ア　学校の教育目標、道徳教育の重点目標、各学年の道徳教育の重点目標
　　　学校の教育目標及び「(1)基本的把握事項」に基づいた各学校の道徳教育の重点目標と各学年の道徳教育の重点目標
　イ　道徳の時間の指導の方針
　　　道徳教育の要(かなめ)としての道徳の時間の指導の方針や指導の観点等。特に、年間指導計画を作成する際の観点や重点目標にかかわる内容の指導の工夫、校長や教頭の参加、他の教師との協力的な指導等

ウ　各教科、総合的な学習の時間及び特別活動などにおける道徳教育の指導の方針、内容及び時期
　　重点的指導との関連や各教科等の指導計画を作成する際の道徳的観点、各教科、総合的な学習の時間及び特別活動などにおける道徳性の育成にかかわる指導内容及び時期等
エ　特色ある教育活動や豊かな体験活動における指導との関連
　　各学校の特色ある教育活動や生徒指導との関連、生徒の内面に根ざした道徳性の育成にかかわる豊かな体験活動との関連等
オ　学級、学校の環境の充実・整備や生活全般における指導の方針
　　日常的な学級経営を充実させるための具体的な計画等
カ　生徒との信頼関係をはぐくむ教師の在り方や教師間の連携方法
キ　家庭、地域社会、関係機関、小学校・高等学校・特別支援学校等との連携の方針
　　道徳教育講演会や授業の実施、地域教材の開発や活用、広報活動等に保護者や地域の人々の積極的な参加や協力を得る具体的な計画や方策、小学校・高等学校・特別支援学校等との連携方針等
ク　道徳教育の推進体制
　　道徳教育推進教師の位置づけも含めた学校の全教師による推進体制等
ケ　その他　評価計画、研修計画、重点的指導に関する添付資料等

　以上のような事項を含む全体計画の構造の一例を次に示す。一般に学校では、こうした構造図のそれぞれの枠内に該当する内容を記入して全体計画表を作成するので、この構造は全体計画表の形式例ということもできる（具体例は巻末資料4−1参照）。
　なお、全体計画を一覧表にして示す場合は、必要な各事項について文章化したり具体化したりしたものを加えるなどの工夫が望まれる。

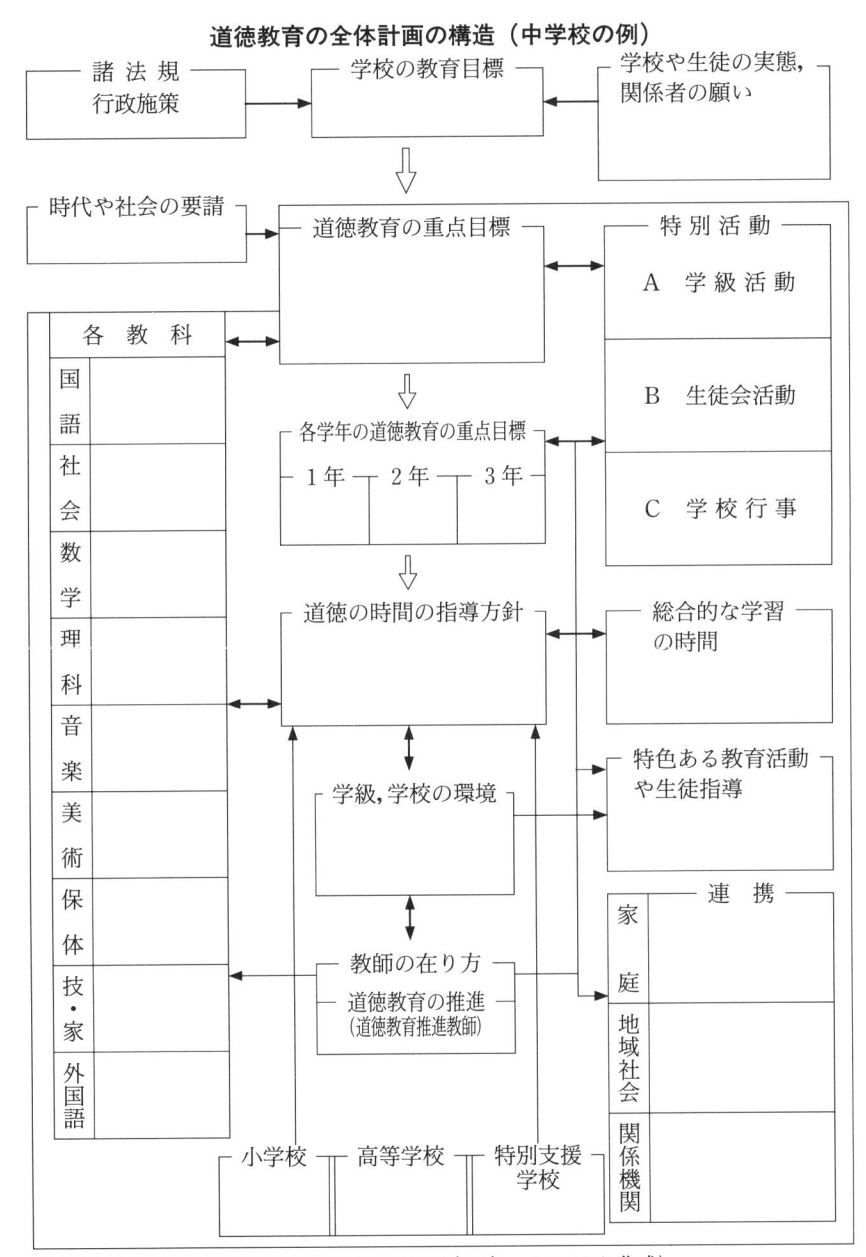

第3節 道徳教育の計画と実践 65

道徳教育の全体計画の構造（中学校の例）

```
┌─諸法規──┐   ┌─学校の教育目標─┐   ┌─学校や生徒の実態,─┐
│ 行政施策 │──▶│                │◀──│ 関係者の願い       │
└─────────┘   └────────┬───────┘   └───────────────────┘
                        ▼
┌─時代や社会の要請─┐   ┌─道徳教育の重点目標─┐   ┌─特別活動─────┐
│                  │──▶│                    │◀─▶│ A 学級活動   │
└──────────────────┘   │                    │   ├──────────────┤
                        │                    │   │ B 生徒会活動 │
   ┌─各教科─┐          │                    │   ├──────────────┤
   │ 国語   │◀────────▶│                    │   │ C 学校行事   │
   │ 社会   │          └──────────┬─────────┘   └──────────────┘
   │ 数学   │                     ▼
   │ 理科   │          ┌─各学年の道徳教育の重点目標─┐
   │ 音楽   │          │  1年 — 2年 — 3年          │
   │ 美術   │          └──────────┬─────────────────┘
   │ 保体   │                     ▼
   │ 技・家 │          ┌─道徳の時間の指導方針─┐   ┌─総合的な学習─┐
   │ 外国語 │◀────────▶│                      │◀─▶│ の時間        │
   └────────┘          │                      │   └──────────────┘
                       │                      │   ┌─特色ある教育活動─┐
                       │                      │◀─▶│ や生徒指導       │
                       └──────────┬───────────┘   └──────────────────┘
                                  ▼              ┌─連 携────────┐
                       ┌─学級,学校の環境─┐      │ 家庭         │
                       │                 │      ├──────────────┤
                       └────────┬────────┘      │ 地域社会     │
                                ▼               ├──────────────┤
                       ┌─教師の在り方─┐         │ 関係機関     │
                       │ 道徳教育の推進│         └──────────────┘
                       │(道徳教育推進教師)│
                       └──────────────┘
            ┌─小学校─┬─高等学校─┬─特別支援─┐
            │        │          │ 学校     │
            └────────┴──────────┴──────────┘
```

（文部省『中学校道徳教育指導上の諸問題』平成2年、P.21より作成）

2　学級における指導計画

　学級における道徳教育の指導計画は、小・中学校において、全体計画に基づき、道徳の時間を中心として学級活動のあらゆる場で行われる道徳教育の計画である。学級は学校生活を支える基礎的な集団であり、全体計画を効果的に推進し、生徒のよりよく生きようとする力を育てていくためには、学級での指導を充実させていくことが大切である。そのためには、きめこまかな「学級における指導計画」が必要となる。

　学級における指導計画の内容としては、次のような事項が考えられる。[20]

(1)　基本的把握事項

　ア　学級における生徒の道徳性の実態

　イ　学級における生徒の願いや保護者の願い、教師の願い

　ウ　学級における道徳教育の基本方針

(2)　具体的計画事項

　ア　各教科、総合的な学習の時間及び特別活動における道徳教育の概要

　イ　生徒指導にかかわる道徳教育の視点

　ウ　学級生活における豊かな体験活動の計画

　エ　学級における教育環境の整備計画

　オ　基本的な生活習慣に関する指導計画

　カ　他の学級・学年との連携にかかわる内容と方法

　キ　家庭や地域社会との連携、授業等への参加や協力及び授業公開にかかわる内容と方法

　ク　その他（評価計画等）

　なお、学級における指導計画は、作成する各学級担任の個性（学級の独自性）が発揮されなければならないが、計画作成に当たっては、指導方針が独善的になることを避けて全体計画との関連を十分に配慮するこ

とや、内容が網羅的になることを避けて精選したものにすることなどに留意し、生き生きとした学級経営を行う基盤となるように心掛ける必要がある（具体例は巻末資料4－2参照）。

3　道徳の時間の年間指導計画

　道徳の時間の年間指導計画も、本章第1節の2で述べたとおり、各学校で作成することが学習指導要領で定められている。道徳に充てる年間の授業時数は、小学校第1学年のみ34時間、第2学年から中学校第3学年までは各学年とも同じく35時間を標準とする。（授業の1単位時間は小学校は45分、中学校は50分である。）

　道徳の時間の年間指導計画は、道徳の時間の指導が、道徳教育の全体計画に基づき、子どもの発達に即して計画的、発展的に行われるように組織された、各学年毎の年間の指導計画である。道徳の時間は学校の教育活動全体を通じて行う道徳教育を「補充・深化・統合」する「かなめの時間」として重要な役割を担うものであるだけに、指導計画の作成がきわめて大切なこととなる。個々の学級において、道徳の時間の1単位時間ごとの指導案を作成するときには、この年間指導計画をよりどころとするのである。

　年間指導計画の内容は、全体計画に基づいた道徳の時間の指導についての各学年の基本方針と年間にわたる指導の概要の二つが不可欠なものである。年間にわたる指導の概要とは、道徳の時間に指導しようとする内容について、学年段階に応じた主題を設定し、年間にわたって適切に配列したものである。道徳の時間における主題とは、何をねらいとし、どのような資料（生活体験を含む）を活用するかを示す指導のまとまりである。そこで、年間指導計画には、次のような内容を明記することが望まれる。[21]

　(1)　各学年の基本方針

全体計画に基づいた、道徳の時間における各学年ごとの基本方針

(2) 各学年の年間にわたる指導の概要

　ア　指導の時期

　　学年又は学級ごとの実施予定の時期を記載する。

　イ　主題名

　　ねらいと資料で構成した主題を端的に表したものを記述する。

　ウ　ねらい

　　ねらいとする生徒に身に付けさせたい道徳性の内容や観点を端的に表したものを記述する。

　エ　資料

　　指導で用いる中心的な資料の題名と出典、補助資料や予備資料等を記述する。

　オ　主題構成の理由

　　ねらいに対してこの資料を選定した理由を簡略に示す。

　カ　展開の大要及び指導の方法

　　ねらいを踏まえて、資料をどのように活用し、どのような手順で学習を進めるのかを簡潔に示す。

　キ　他の教育活動等における道徳教育との関連

　　関連する教育活動や体験活動、学級経営の取組等を示す。

　ク　その他

　　例えば校長や教頭などの参加及び教師の協力的な指導の計画、保護者や地域の人々の参加・協力の計画、複数の時間取り上げる内容項目の場合は、その全体の構想等を示すことが考えられる。

次に年間指導計画の形式の一例を示す（具体例は巻末資料4－3参照）。

第３節　道徳教育の計画と実践　69

第　　　学年

学年の基本方針					
月	週	主題名 主題構成の理由	資料名 (出典)	ねらい (内容項目番号)	展開の大要 (指導の方法)	他の教育活動 との関連
4	2					
	3					
	4					
	5					

　年間指導計画を作成するに当たっては道徳の時間の意義を十分に理解し、年間にわたって標準授業時間数が確保されるように努めた上で、次のようなことに留意する必要がある。まず第一に、内容の関連的・発展的指導の工夫をすることである。道徳的行為がなされる場合、一つの内容項目だけが働くということはほとんどなく、いくつかの内容項目が関連しあっていることや、道徳性は小・中・高校を通してだけでなく、同じ学年内でも、しだいに積み重ねていくという発展性があることを十分考慮することが大切である。主題相互の系統性や発展性については、各主題ごとに該当する内容項目や指導の時期を一覧できるようにした主題配列表で示すことが多い（具体例は巻末資料４－３参照）。

留意事項の第二は、内容の重点的な指導ができるように工夫することである。道徳の指導は、いずれの学年においても、定められた内容項目のすべてを取り上げなければならない。しかしその場合、学校や子どもの実態に応じて、必要な内容項目をある時期に集中して取り上げたり、ある内容項目を一定期間繰り返して取り上げたり、ある内容項目を中心にしていくつかの内容項目を関連づけて取り上げるなどの配慮をすることが大切である。

留意事項の第三は、子どもの内面に根ざした道徳性の育成に役立つ資料を選択・開発することである。道徳の時間の指導に用いる教材を特に資料という。道徳の時間にとって、主題のねらいと子どもを結びつける媒体である資料は、きわめて重要な役割を果たすものであり、どのような分野のものを選び、どのような方法で提示するかをよく検討しなければならない。特に郷土資料、今日的問題からの資料、体験活動を盛り込んだ資料、情報通信ネットワークを利用した資料など、新しい資料の開発に努めることが必要である。

一般に、道徳の資料が備えるべき要件として、次のようなことが考えられる。

(1) ねらいを達成するのにふさわしい資料
(2) 子どもや学校・地域の実態に応じた資料
(3) 深く考えさせたり感動を実感させることのできる資料
(4) 特定の価値観に偏しない中正な資料
(5) 説話、読み物、視聴覚教材などの特質を生かした資料
(6) 単位時間内で扱える資料

4 道徳の時間の学習指導案

道徳の時間の年間指導計画に位置づけられた各主題を指導するに当たって、学級担任の教師が自分の個性や学級の実態をもとに、道徳の1単位時間をどのように指導するかを具体的に計画したものが道徳の時間

の学習指導案である。(最近は学習活動案ということもある。)学習指導案も他の指導計画と同様に定まった形式や基準は特になく、各教師の創意や工夫によって作成されるものである。

学習指導案の内容として一般的に考えられているのは、次のような事項である。

(1) 指導者名
(2) 指導年月日、曜日、校時
(3) 指導学年、学級、人数
(4) 指導場所（教室）
(5) 主題名
(6) 資料名
(7) 主題設定の理由
(8) ねらい
(9) 指導区分
(10) 学習指導過程（展開の大要）
(11) 評価

〔(6)は(8)とあわせて「ねらいと資料」とすることもある。〕

まず「主題名」は、道徳の時間に指導される主題につける名称であり、原則として年間指導計画における主題名を記述する。そして関連する視点と内容項目の番号を付記するのが一般的である。主題名の付け方には①「吾一と京造」のように、資料名や資料の内容から付ける、②「真の友情」のように道徳的な内容（価値）から付ける、③「友情とは何か」のように問題提起的に付ける、などさまざまな考え方がある。いずれにしても、主題名は子どもの思考を妨げるおそれがなく、子どもの興味・関心を高めるものが望ましい。

「主題設定の理由」は、①主題のねらいとする内容項目の指導の意義、②その内容項目の視点からみた子どもの実態と教師の願い、③資料の特質や取り上げた理由、などについて記述するのが一般的である。ここで

資料名を明示し「(6)資料名」を省略することもある。

　「ねらい」は、その１単位時間の指導を通して何を目指すかという学習指導の目標であり、原則として年間指導計画におけるねらいを記述する。指導の全体を方向づけるものとして、ねらいを明確におさえることはきわめて大切である。

　「指導区分」は１主題に２単位時間以上を充てる場合に、各単位時間ごとの指導のねらいを示すものであり、１主題１単位時間で指導する場合は省略される。

　「学習指導過程（展開の大要)」は、単位時間内での教師の指導の手順を示すもので、一般的には導入、展開、終末の三段階に区分し、各段階ごとに「学習活動（または子どもの学習活動と教師の主な発問)」「子どもの予想される反応」「指導上の留意点」などで構成する表として示すことが多い。

　「評価」は、指導の結果としてねらいにどれほど近づくことができたかを評価するものであり、子どもの道徳性の変容を把握することを通して、教師の行った指導について反省・検討して次の時間の指導に生かすためのものである。しかしこの事項は実際の学習指導案では省略されることもある。

　その他として、事前指導や事後指導、各教科等における道徳教育との関連、道徳的体験活動や日常の個別指導との関連、他の教師との協力的な指導、家庭や地域（社会）との連携などについて示すことも大切である。

　次に、道徳の学習指導案について、簡略な形式の一例を示す（具体例は巻末資料４－４参照）。

道徳学習指導案

　　　　　　　　　　　　　　　　　　　　指導者　○　○　○　○　㊞

・日　時　　　年　月　日　（　曜日）第　校時
・学　級　　第　学年　組（　名）
・場　所

1．主題名・資料名
2．主題設定の理由

3．ねらい

4．学習指導過程

	学　習　活　動	指　導　上　の　留　意　点
導入 （　分）		
展開 （　分）		
終末 （　分）		

5．評価

5 道徳の時間の指導

　道徳の時間の指導効果を高めるには、各教科等との関連や家庭・地域（社会）との連携を生かすとともに、説話、話し合い、討論、読み物の利用、視聴覚機器の利用、役割演技（ロールプレイ）などの諸方法の特質を生かすことやそれらの組み合わせについてなど、学習指導の多様な展開を工夫していくことが大切である。特に第2章で述べた感性教育のために、ボランティア活動や自然体験活動などの体験的な学習との関連づけを積極的に図っていく必要がある。また、指導体制の充実を図るために、校長や教頭の参加、他の教師の協力などについても工夫する必要がある。

　学習指導過程を段階別にみると、導入は主題に対する子どもの興味・関心を高めて学習の動機づけを図る段階であり、子どもたちに身近な生活体験や子どもの作文を取り上げたり、写真・絵画など視覚的に印象づける資料を提示することも効果的である。展開の段階は、中心となる資料を提示して、ねらいとする道徳的価値についての気付きや理解・思考の深まりによって、子どもの道徳性を高める段階である。終末の段階は、授業のまとめとして、教師が説話をしたり、子どもの感想を発表させたり、道徳ノートに反省や決意を書かせたり、補助的な資料を提示したりして、子どもの考えや感情を整理し、今後の発展につなぐ段階である。

　資料を指導の中で効果的に活用するためには、学習指導過程のどのところで、どのような方法で、どのようなねらいで提示するかを明確に位置づけておく必要がある。資料の活用は、そのねらいからみると、共感的活用、範例的活用、批判的活用、感動的活用、葛藤（ジレンマ）的活用などに分類することもできる。

　また授業中に行われる教師の発問は、学級全体の雰囲気づくりとともに一人一人の子どもの学習意欲や自己洞察に大きく影響するものなの

で、どのような発問を、どこでするかを十分に検討し、意図的、計画的に学習指導過程の中に位置づけなければならない。特に、カウンセリング・マインド[22]に基づいた発問の仕方を工夫することが大切である。

第4節　道徳教育の評価

1　道徳教育における評価の意義

本章第3節の「道徳の時間の指導案」のところで、道徳の時間の評価は、子どもの道徳性の変容と教師の指導の効果を関連的に評価すべきことを述べたが、このことは、小・中・高校を通して、学校における道徳教育全体の評価について一貫して言えることである。小・中学校の学習指導要領では、子どもの道徳性について、常にその実態を把握して指導に生かす必要があること[23]と、教師の指導の過程や成果を評価し、指導の改善に生かすように努めること[24]が示されている。道徳の時間及び全教育活動を通じての道徳教育を充実していくためには、このような指導と表裏一体となった評価を常に行っていくことがきわめて大切である。

しかし、道徳教育全体についてはもちろんのこと、道徳の時間に関しても、各教科と同じような数値などによる評定は行わないものとすることが定められている[25]。その理由は、子どもの道徳性はその人格の全体にかかわるものであるから、不用意に固定的な評価をしてはならないからであり、また道徳教育の評価においては、子どものよりよく生きようとする努力を認め、勇気づける働きを重視する必要があると考えられるからである。

2　道徳教育における評価の観点と方法

道徳教育の評価には、子どもの道徳性の評価と、それに関連した教師

の指導の評価とがある。まず子どもの道徳性を評価する観点としては、一般的には道徳的心情・判断力・実践意欲と態度・習慣などについて分析し評価することが多い。また評価の時期からみると、1回の授業の前後で子どもの状況を比較して評価する短い期間の評価とともに、1か月、1学期、1年間という指導の流れの中で評価する長い期間の評価も必要である。

評価のための資料収集の方法としては、次のようなものがある。
(1) 観察による方法
　道徳の時間だけでなく、学校内での子どものあるがままの言動を観察して記録する。解釈が主観的になりやすいので、観察の視点を決め、記録用の評定尺度やチェックリストを用意する。
(2) 面接による方法
　子どもと直接に話し合うことによって、子どもの感じ方や考え方を評価する。子どもが自分の気持を素直に表現できるように配慮する。
(3) 質問紙・検査などによる方法
　教師の作成したもののほか、市販の標準テスト[26]もある。子どもの自己評価や保護者からの評価も活用できる。
(4) 作文・ノートなどによる方法
　個人の日記や道徳ノートのほか、グループ（班別）ノートなども有効な資料となる。子どもがいかに自分を見つめ、道徳的価値について考えたかをまとめて書けるように配慮する。
(5) 事例研究の方法
　複数の教師によって評価のための資料を出しあい、子どもの道徳的な状況について多くの目で吟味する。

いずれにしても、道徳性の評価をする場合には、できるだけ広い視野と多面的な観点から評価するために、いくつかの方法を組み合わせて子どもの本当の姿をとらえる工夫をすること、また子どもの成長を信じ願

う姿勢をもって、共感的に子どもを理解する態度と技法の習得に努めることが大切である。

次に教師による指導についての評価であるが、これは指導前に立案した計画に基づいて実際に行った指導についての指導後の評価である。計画のうち、全体計画と年間指導計画については、それらが全教師の共通理解のもとに、足並みをそろえて実施されているか、そうでないとすればどこに問題があるか、また子どもへの指導効果はどの程度見られるか、などについて評価する機会を定期的に設け、それによって計画をよりよいものに修正していくことが大切である。学級における指導計画についても、学級担任が道徳の授業の度毎に、その実践の反省を通して、計画を確認し見直していくことが大切である。

以上の諸計画の評価のもとになるものが、道徳の時間の指導計画（学習指導案）についての評価である。この評価は子どもの反応と密接な関連をもって行われるものであり、評価の観点としては次のようなことが挙げられる。

(1) 導入、展開、終末という指導の流れが、子どもの反応からみて適切であったか。
(2) 教師の発問や提示した資料が、ねらいに即して子どもの内面により深く触れるものであったか。
(3) 子どもの個人的特徴に応じて、すべての子どもの学習参加を配慮した指導がなされたか。
(4) たてまえ的な言葉のやりとりではなく、教師と子ども、子ども同士が互いにその本音を出し合い傾聴し合う雰囲気がつくれたか。
(5) ねらいは適切であったか。ねらいの達成を確認することができたか。

このような道徳の時間の指導過程や指導方法についての評価は、教師自身の授業中のメモやビデオ、授業後の子どもの道徳ノートなどで自己

評価することが多いが、ときには他の教師に観察してもらったり、子どもに評価を求めたりすることも必要である。さらに学校全体や学年単位で保護者なども含めた研究授業を実施することも考えられる。

次に授業参観時の記録用紙の一例を示す（具体的な記録例は巻末資料5参照）。

A中学校の研究授業参観　記録用紙

___月___日(　)　　　___年___組　　授業者(　　　　　　)

1．学習指導案について（本時の目標、導入、展開、終末の流れ、研修課題への取り組み等）
2．授業の展開について

評価の観点	気が付いた点(良い点・改善を必要とすること)
(1) **教師の動き** ・教師の体の動き ・机間指導 ・声の大きさ・表情 ・目の位置（視線）	
(2) **発問・指名** ・発問の内容 ・発問に対する生徒の反応 ・指名方法の工夫 ・指名に対する生徒の答え方	
(3) **板書など** ・字の大きさ、色による工夫 ・板書の量の適切さ ・短冊、OHP、ビデオ	
(4) **生徒のノート** ・ノートのとり方 ・ノートをとる時間	
(5) **生徒の姿勢・目の動き** ・学習習慣 ・学習への意欲	
(6) **授業の過程・時間配分** ・授業の流れ ・時間配分 ・集中の度合	

3．とくに考慮した方が良いと思う点　　　　　氏名（　　　　　　）

_____

_____

（文部省『中学校道徳教育指導上の諸問題』平成2年、p.98）

注

（1） 『小（中・高等）学校学習指導要領解説－総則編－』（文部科学省、平成20・21年）「第2章 教育課程の基準」の「第1節 教育課程の意義」。引用文の（ ）内は中・高校。これは小・中・高校を通しての教育課程の定義と言えよう。

（2） 学校教育法施行規則で、小学校は第50条、中学校は第74条、高等学校は第83条に規定されている。特別活動とは、学級活動（高校ではホームルーム活動）、生徒会活動（小学校では児童会活動）、クラブ活動（小学校のみ）、学校行事の四㈢領域を総合した名称である。平成11年の学習指導要領の改訂に伴い規則の改正も行われて、小学校3年生以上に「総合的な学習の時間」が新設され、中・高校の特別活動におけるクラブ活動が廃止された。

（3） 学校教育法施行規則第52条に「小学校の教育課程については、この節に定めるもののほか、教育課程の基準として文部科学大臣が別に公示する小学校学習指導要領によるものとする。」という規定があり、同じことが中学校については第74条、高校については第84条に規定されている。

（4） 小・中・高校とも学習指導要領の「第1章 総則」の「第1 教育課程編成の一般方針」の2。

（5） 小・中学校ともに学習指導要領の「第3章 道徳」の「第3 指導計画の作成と内容の取扱い」の1。

（6） 高等学校学習指導要領「第1章 総則」の「第5款 3 指導計画の作成に当たって配慮すべき事項」。

（7） 同上書「第1章 総則」の「第1款 教育課程編成の一般方針」の2。

（8） 心は知・情・意の全体であり、意識と無意識の全体である（第2章参照）。

（9） 第3章 注⑾参照。

（10） 小・中学校の『学習指導要領解説 道徳編』（文部科学省、平成20年）「第1章 総説」の「第1節 道徳教育改訂の要点 2 道徳教育改訂の趣旨」。

（11） 小・中・高校ともに「第1章 総則」の「教育課程編成の一般方針」の2で示されている（巻末資料2参照）。

（12） 第2章第2節の「1 道徳の根元としての生命情操」「2 生命情操と生きる喜び」参照。

（13） 小・中学校の学習指導要領の「第3章 道徳 第1 目標」で、学校における全体的な道徳教育の目標を受けて述べられている（巻末資料2参照）。
　　　特に「補完・深化・統合」が道徳の時間の目標を示すキーワードである。

（14） 巻末資料2参照。公民科では「現代社会」（2単位）又は「倫理」「政治・

経済」（いずれも 2 単位）のいずれかを必修することに定められている。
(15) 文部省『高等学校学習指導要領解説　公民編』（平成12年、実教出版）「第1章総説」の「第2節　公民科の目標」
(16) 小・中・高校ともに学習指導要領の「第5章　特別活動」の「第1　目標」（巻末資料2参照）。
(17) 小・中学校それぞれ学習指導要領の「第3章　道徳」の「第2　内容」（巻末資料2参照）。
(18) 学習指導要領では、「総則」において、小・中・高校を一貫して、子どもの「生きる力をはぐくむ」ことが強調されている。それを受けて、高校の公民科においても、教科目標や3科目それぞれの目標の中に、「主体的に考察させ」とか「主体としての自己」といった言葉が繰り返されている。これは、「生きる力」と「主体的な考察」ないしは「主体性」というものが深い関係をもつことを示したものであり、本書で道徳性の本質として述べている「生命情操に基づく道徳的主体性」という考え方を裏付けたものとも言える。
(19) 総合的な学習の時間については、小・中・高校とも前学習指導要領では「第1章　総則」の中で示されていたが、今回の改訂では独立した章になっている。特に小・中学校では、道徳教育との関連が明確に規定された。（巻末資料2参照）
(20) 学級における指導計画の必要性について示されたのは平成元年の学習指導要領改訂からであるため、全国的にみると、学校現場ではあまり関心がもたれていない。指導計画の内容については『中学校学習指導要領解説－道徳編－』（文部科学省、平成20年）による。
(21) 同上書による。
(22) counseling mind　直訳すれば「相談の心（態度）」。一人一人をかけがえのない存在として尊重し、共感的理解（第1章注(9)参照）を前提として、無条件に積極的なかかわりをもつようにつとめる態度のことである。受容の態度ともいわれる。学校では児童生徒指導だけでなく学習指導においても、教師がカウンセリング・マインドをもって子どもに接することが大切である。それは、教師の発問に即していえば、子どものいかなる回答・発言も大事に受けとめてやり、子どもに「発言しなければよかった」という思いをもたせないことである。
(23) 学習指導要領「第3章　道徳」の「第3　指導計画の作成と内容の取扱い」の5。
(24) 学習指導要領「第1章　総則」の「第4指導計画の作成等に当たって配慮すべき事項」の2の(11)〔12〕（〔　〕内は中学校）。

(25) 前注 (23)
(26) 検査としての信頼性・妥当性をできるだけ高めるため、実施の条件や方法などを細かく定め、予備テストを重ねてあらかじめ標準（例えば平均値など）を設定した検査。学力検査・知能検査・進路適性検査・性格検査・道徳性検査などがある。
(27) 第1章　注（9）参照。

第 5 章　道徳教育と生徒指導

第 1 節　道徳教育と生徒指導の関係

　前章第 1 節の 1 で述べたように、学校教育を機能概念としてみれば、学習指導と生徒指導（小学校では児童指導。以下同じ。）という二つの機能に大別される。そのうち特に生徒指導は、最近その重要性が強調され、研究と実践が盛んになるにつれて、道徳教育との関係がさまざまに論じられている。中には、道徳教育と生徒指導を単純に同一視する意見や、道徳教育と生徒指導のどちらをとるかという二者択一的な議論までみられる。たしかに両者には共通なところも認められ、密接な関係をもってはいるが、両者が全く同じ機能とは言えず、むしろ次元の異なる教育機能である。学校教育がその教育目標を達成するためには、こうした道徳教育と生徒指導の関係を明確におさえておくことが必要である。

　すでに第 2 章第 2 節で、心の教育の構造として、道徳教育とカウンセリングの関係を位置づけた。そのカウンセリングは学校においては生徒指導の機能に属するものであるから、カウンセリングを生徒指導に置き換えると、生徒指導は心の教育の基礎であり、道徳教育はその基本であるという関係で考えることができよう。そうした考えをふまえて、道徳教育と生徒指導の関係を共通性、相違性、相補性という三つの視点からみていくことにしたい。

第2節　道徳教育と生徒指導の共通性

　まず道徳教育と生徒指導の共通性をみていこう。第一に、両者とも教育の究極の目標である子どもの人格の完成・発達を目指すものである。一人一人の子どもの人格の価値を尊重し、人格の健全な発達のために積極的な指導や援助をすることを第一の目的とする。生徒指導は単に問題行動の改善、再発防止といった事後指導でとどまるものではない。

　第二に、両者とも同じように、学校における教育活動全体を通じて行うものである。その機能は、学校教育のすべての領域において常に働いていなければならない。したがって第三に、両者ともすべての教師がすべての子どもを対象として行うものである。問題行動の傾向がみられる子どもや学業不振の子どもだけに限らず、どのような子どもにも、その子にふさわしい教育的働きかけがなされなければならない。

　第四に、両者とも子どもの変容を把握し指導の方法を反省して次の指導に生かすという評価は不可欠であるが、教科のような段階や点数による評定はしないということがあげられる。

第3節　道徳教育と生徒指導の相違性

　道徳教育と生徒指導の相違性は、道徳的価値とのかかわり方の違いで説明することができよう。すなわち、道徳教育は子どもの内面に根ざした道徳性の育成、言い換えれば自らの人間としての生き方についての自覚を深め、価値観の形成を図ることを直接のねらいとする。それに対して生徒指導は、子ども一人一人の具体的な日常生活の問題を解決・改善

するための援助・指導をする場合が多く、道徳的価値の自覚や価値観の形成を直接のねらいとするものではない。

例えば、「子どもは煙草を吸わない」ということの指導に当たっては、生徒指導は「吸わない」という行動面にウエイトがかかるのに対して、道徳教育では吸わないことにかかわる健康、順法といった価値の自覚にウエイトがかかる。また、基本的生活習慣と言われるものの指導に当たっては、生徒指導は学校生活の中でその時その場に応じて直接的・具体的な行動の指導をするものであるのに対して、道徳教育では意図的・計画的に基本的生活習慣の意義を理解させ、それに関する健康安全・礼儀といった価値の自覚を深め、そこからの道徳的実践力の向上を図ることに重点をおくのである。特に道徳の時間は、最も意図的・計画的に、子どもの道徳的価値の内面的自覚をめざす場である。

第4節　道徳教育と生徒指導の相補性

第1節で心の教育の構造として考えたとおり、道徳教育と生徒指導は基本と基礎という関係でつながっている。生徒指導がその機能を十分に果たすことによって、道徳教育を側面から支え、道徳教育のねらいの達成に貢献する。また逆に、道徳的価値が正しく子どもの内面に根づいていれば、それは子どもの具体的な行動を支えるのに役立つから、道徳教育が生徒指導を助けることになる。例えば、生徒指導で一人一人の子どものもつ問題や悩みを解決することが、道徳の授業をうけやすい態度を育成することになるし、道徳の授業で教師と子どもとの間に共感的な関係ができれば、直接的な生徒指導の効果を高めるのに役立つであろう。

道徳教育と同じく、生徒指導についてもさまざまな考え方がみられる。しかし学校という教育実践の場においては、両者の相違性を強調す

ることよりも、両者の相互補完性を重視して、これらの相互作用を助長するように配慮することが大切である。

注
（１）「内面に根ざした道徳性」という言葉は、小・中学校の学習指導要領の総則で使われている。「内面に根ざす」とは、子どもの内面にある道徳的価値をさまざまな教育によって大きく育て、心の中にしっかり根をはって、主体的な行動の動因となるようにすること。道徳的価値の自覚・主体化・内面化といった言葉も同じ意味である。

本書では、そのような内面に根ざし実践力をもった道徳性を、道徳的主体性と表現している。

（２）習慣とは、後天的に習得し、比較的固定していて、自動的に反復できる行動様式をいう。「習慣は第二の天性」とも言われる。基本的な生活習慣とは、人間が社会生活を営み発展させる上で、最も基本となる習慣であり、人間のあらゆる態度や行動の基礎になるものである。

（３）第１章　注（９）参照。

第6章　道徳教育と教師

第1節　教師をめぐる今日的状況

　今日の我が国では、子どもたちの間に、いじめ、校内暴力、不登校などの問題行動をはじめ、衝撃的な事件の増加と低年齢化の傾向が著しい。こうした深刻な事態は「学校（学級）崩壊」や「教育の荒廃」と称されて社会の耳目を集め、教師への要望や批判も次第に強くなってきている。1997（平成9）年1月に毎日新聞が発表した教育問題全国世論調査の結果でも、現在の学校に満足できない人が56パーセント、さらに教育改革が必要とした人は86パーセントの多数を占め、その人たちが挙げる改革点（複数回答）の第一位は「教員の資質」52パーセントであった。この改革点の第二位が「しつけ・道徳教育」49パーセントであることからも、教師に対して、特に道徳教育を推進する資質が強く要請されていると言えよう。

　そうした要望の延長として、何か子どもによる事件が起きると、「学校は」「教師は」といった厳しい批判が出てきて、それがごく一部の問題教師の存在と結びつけられて、学校（教師）バッシングの声が高まるのが通例である。現在の教師は教育崩壊の責任を一手に問われ、指導の難しさに悩み、報いられるところが少ないというところから、教師受難の時代とさえ言われる。

　考えてみれば、子どもの成長と発達にかかわるすべての責任を学校や

教師が負っているわけではない。子どもたちの現状をもたらした背景に、社会全体のモラルの低下、家庭の教育力の弱化などの状況があることは軽視できない。「家庭崩壊」という言葉が一般化してきているように、家庭に問題が多いことはたしかであり、子育てに対する親の責任は大きい。しかし、教師が子どもを教え育てることを業としており、道徳教育もすべての教師がかかわるものである以上、その責任を果たすことが特に求められるのは当然であり、他に責任を転嫁して合理化を図ったり社会的な同情を期待する前に、教師がまず自らの使命と役割の重要性(1)を深く自覚することが必要である。

第2節　教師に求められる基本的資質

　道徳教育は、根本的には教育そのものと目標を同じくし、人格の完成、つまり道徳的人間の形成を目指すものであるから、学校における道徳教育の担当者としての資質を教師に求めることは、一般的に教師に求められる資質を問題としていくことにほかならない。

　明治以来の我が国における教師観（教職観）の代表的なものとして、教師聖職者観と教師労働者観がある。教師と他の職業との違いを重視し、次代を担う子どもを教え育てる教師の仕事は神聖な職業であるというのが前者の考え方であり、それに対して労働は社会におけるいっさいの基礎であり、教師は学校を職場として働く労働者として他の職業で働く労働者と違いがないという点を強調するのが後者の考え方である。そして現在は、この二つの考え方を総合するものとして、教師の専門性や専門的能力を重視する教師専門職観が有力となっている。今回の学習指導要領改訂の方針と改善点を示した教育課程審議会答申（平成10年7月29日）でも、教師は教育の専門家として指導力を向上すべきことが求め

られている。つまり我が国の今日的状況の中で、教師にとっては、聖職者か労働者かといった職業の性格づけよりも、専門家としての資質・指導力が問題とされているのである。

　教師の資質ないし指導力としては、学習指導と生徒指導のどちらにおいても、さらには道徳性指導においても、多様な子どもたちの一人一人を伸ばし生かすための豊かな知識と優れた技術を必要とする。それらは、教師の研究と実践の積み重ねによって向上が期待されるものであり、いわば教師の資質の科学的側面と言うことができよう。同時に学校教育は教師と子どもの人間関係に基づくものであり、教育の内容は教師の人間性や人格を通じて子どもたちに伝えられる。その意味で人間性や人格も教師にとって大切な資質である。特に道徳教育の視点でみるならば、教師自身が生命の尊重、人格の尊厳、人生の意義、社会の理想などについて広く深い認識をもち、中正な価値観をもっていることが必要である。これらは単なる知識というよりも、教師の人間性に深くかかわるものであり、いわば教師の資質の哲学的側面と言うことができよう。したがって、専門家としての教師の資質・指導力とは、基本的に哲学的側面と科学的側面との相互補完作用、つまり「哲学×科学」によって成り立つものと考えられる。

　私はある大学で、学生約100名を対象に、平成6～9年度の四回、「よい教師の条件とは」というアンケート調査を実施した(2)。その結果毎回第一位で60パーセントを超えたのは「子どもの立場から子どもを理解できる」ことであった。あらゆる教育的営みは子どもの理解を前提にするということからみれば、この学生たちの意見もたしかに妥当である。そしてこの子どもを理解するという能力も、教師における哲学と科学という両側面の資質が支えていると考えられよう。

　道徳教育とのかかわりで教師に望まれる哲学的資質を考える時、特に重視したいのは、教師が常に謙虚に自己の道徳的主体性の確立を目指し(3)

て努力を続けていること、つまり豊かで鋭い感性(4)を育てるように自ら努めている生き方である。教師は、今日のように教師に厳しい社会状況の中にあっても、教師であることに生きる喜び(5)を実感し、いかなる事態にも対応できる柔軟で強い心をもって、一人一人の子どもの生きる喜びのために積極的にかかわっていこうとする姿勢を持ち続けることが大切である。

といっても、道徳教育の担当者としての教師は、一般の人々と違って、完成された人格者にならなければいけないということではない。教師とて人間であり、不完全で有限な存在である。だからこそ常に自分を省み、教師の在り方についての理想を持ち、研究と修養と実践に努める中で、生きる喜びを実感していくことの大切さを言いたいのである。理想は、それを求めようとする人には存在し、求めようとしない人には存在しないものなのである。

第3節　教師の留意すべき諸問題

1　理解さえすればよいのか

道徳教育や生徒指導、さらには教科指導においても、教師が子どもを理解することが指導の前提であり、特に共感的に理解すること(6)が重要であると言われている。そして一部には、子どもを尊重してストレスや欲求不満を生じさせないようにすることが大切であり、教師の尺度に合わせて子どもを教育することは管理教育で、子どもの人権からみても問題であるという意見さえ聞かれる。たしかに子どもの立場に立って共感的に理解することは、今日の子どもにかかわる際に不可欠な態度かもしれない。もし教師が「共感的に理解できない」と言ったとすれば、それは教師に理解しようとする意欲がないか、共感する能力がないかのいずれ

かであろう。しかしそれはあくまでも指導の前提として必要なのであって、教師は子どもを理解したあとの「指導」をおろそかにしてはならない。特に道徳教育の場合には、子どものストレスや欲求不満をなくすことではなく、そうしたものに耐え、自立と自律のできる道徳的主体性をしっかりと育てていくことが課題なのである。

　共感的なかかわりや諸資料を通して子どもをできるかぎり正しく理解するということは、そこからどう指導・援助したらよいかという最善の方法を選び、それを実際に実践していくためのものである。子ども理解とは、子どもの言動のすべてを承認し、支持することではない。特に子どもへの共感が迎合にならないよう、十分に留意しなければならない。子どもの権利とは、人間として育つ権利であり、それを保障するためには、教育の面からも積極的に子どもを指導していくことが必要であり、教師はその専門家なのである。

2　ほめるだけでよいか

　子どもを指導するには、優しさと厳しさの両方が必要だとよく言われる。そうだとすれば、最近よく聞く「ほめること」の大切さとともに「しかること」も同じく大切なことと考える。最近の子どもたちに聞くと、教師に本気でしかられたことのない子どもが多い。これは道徳教育や生徒指導にとって、きわめて大きな問題である。もしいじめがあったら、「いじめは悪いこと、絶対に許さない」と本気でしかる教師であってほしいと思う。ただし、しかることによって教育的な効果を望むには、平素子どもとの信頼関係を築いておくことや、他の子どもと比較してしからないこと、人前でしつこくしからないこと、また子どもの人格（人間性）と行為を区別し、行為は厳しくしかっても、人格まで否定してはいけないこと、などに深く留意する必要がある。行為と人格を区別してしかることは、実際にはなかなか難しいが、子どもの性善なること

を信じ成長を期待するという教育の原点から考えても、また指導効果から考えても、常に心掛けるべきことである。教師としては「お前は何回言っても直らない。本当にだめなやつだ」とか「今日はめずらしく善いことをしたな」というような子どもの人格を否定し自尊心を傷つけるような言葉は、厳に慎まなければならない。このように言われた子どもは、たいていの場合、反省するよりは反抗的になったりやる気を失ってしまうものである。

3　結果がすべてか

子どもたちに「親に言われていやな言葉」について調査すると、小・中・高校の差がなくいつも多く挙げられるのは、「勉強しなさい」という言葉である。これは、我が子によい結果をもたらすためには、何はともあれ勉強させなければという親の気持の表われである。子どもの今の状況や気持はみようとせず、結論だけを一方的に指示しているのである。この親の気持は、徒競争で一番になった我が子をほめ、テストで満点をとった我が子をたたえるといった気持と相通じるものがある。つまり結果がすべてであり、勉強しない子、徒競争で一番にならなかった子、テストで良い点をとらなかった子は、価値も認めないということになりやすい。

こうした子どもへのかかわり方は、実は親だけでなく、教師にもみられるのではなかろうか。教科指導においても生徒指導においても、「結果第一主義」でのぞんでいることが多いように思われてならない。これは、個性を大切にする教育、特に感性による生きる喜びをめざす道徳教育という視点からみれば、大きな問題と言わざるをえない。生きる喜びを重視する道徳教育としては、子どもたちが行動で示す結果がすべてではなく、行動に至るまでの、どんな動機で、どんな気持で、どんな方法で、といった過程の方がより重要である。それは、一定の目標への到達

度をみる絶対評価や、他との比較においてみる相対評価よりも、その子だけの問題として、その子がそのことにどのようにかかわったか、その気持や努力度をみる個人内評価を重視することである。

　私が体験した一つの実例を述べたい。ある高等学校に身体障害で歩行の困難なＡ男がいた。体育祭の時、見学したらという教師の勧めを断り、生徒全員による入場行進に参加した。当然のことながら、他の生徒から後れ、その差は次第に大きく広がっていったが、Ａ男は一生懸命歩を進めて、やっとゴールに入った。見守っていた教師、保護者、生徒たちは、Ａ男の気持、努力を思い、皆一斉に拍手をして迎えた。その時、Ａ男自身はもちろんのこと、涙を浮かべて声援を送っていたご両親、その他その場に居合わせたすべての人々の心に、生きる喜びが実感されたと信じている。

　また、一般的な実例であるが、よく遅刻してくる子どもの指導に当たっても、その子の家庭的・身体的状況や気持、つまり遅刻という行動を起こすまでの過程をよく理解しないと、どのように指導したらよいかを考えることはできない。状況によっては、その子を励ますこともあり、しかることもあり、家庭との連携を密にすることもあると思われる。

　このように、教師は子どもの一つ一つの行動について、そこに至る過程での反省、忍耐、努力の程度などを十分に理解し、全人的に評価するように留意しなければならない。

4　学級は担任のものか

　我が国の教師の中には、いったん学級担任（高校ではホームルーム担任。以下同じ）になると、自分の学級の子どもたちに対して、最も理解し合わなければならない関係であり、彼らの生活のすべてに責任をもち、自分の思いどおりに教育するのだという身内意識をもつ者が多い。

こうした意識こそ、教師としての生きがいを支えるものという思いこみさえ感じられる。一般に、教育に熱心に取り組む教師ほど、その傾向が強いようである。これは学級王国意識と言われるもので、閉鎖的・排他的な学級経営を生み出し、教師にとっても子どもたちにとっても問題になることが多い。（同様なことが部の顧問の場合にもみられる。）

　これも私の体験した実例であるが、ある高等学校で、三年生のB子が担任のT先生と対立したと言って、相談係（カウンセラー）の私のところへきた。私は教育相談の立場からB子の気持を情緒的な次元の問題として受けとめ、T先生への評価は一切しないで面接を続けた。T先生にもB子が学校不適応のことで話しにきていることを伝えたが、B子のT先生への感情については触れなかった。しばらくして、突然校長から呼び出しがあり、「ある担任から苦情がきている。生徒への味方になって話をしてもらうのは困る。」という注意を受けた。これは、学級担任と相談係の関係という古くて新しい問題の一例であるが、つきつめればT先生の学級王国意識と校長の片手落ちの判断による事例と言えよう。

　学級担任は、たしかに学校と子どもとを結ぶ最も重要な窓口である。しかし担任とて個性をもつ人間であり、能力的にも時間的にも限界がある。一人で学級のすべての子どもと深い信頼関係を築き、子どもの生活のすべてを管理し、すべての責任を負うことは至難のわざであろう。不可能を可能と思いこむことは、教師自身に結局は無理が生じ、傲慢な独善者になるか、心的障害を起こして勤務不能になるかである。学校においては「すべての教師によってすべての子どもを」の原理に立って、学級担任を孤立させないような教師集団の連携のもとに、開かれた学級経営がなされなければならない。(7) 子どもは学級担任を選ぶことはできない。学級の子どもは、決して担任の「私物」ではないことを深く留意する必要がある。

　子どもの学習権を保障することは、言い換えればできるだけ多くの人

と接する出会い権を保障することでもある。道徳性もまた、そうした人間と人間との出会いを通して育成されていくものである。学級担任は、自分の学級の子どもが自分以外の人──子どもでも教師でも──と出会う機会を奪う権利はない。むしろそうした機会が一回でも多く、少しでも早く得られるように、担任として援助することが、教育的な在り方ではなかろうか。

5　善意は免罪符になるか

　カウンセラーは「聞く職業」であるのに対して、教師は「話す職業」と言われるように、一般に教師は自分の知識・思考・願いを子どもに伝えることが本務とされやすい。特に道徳教育や生徒指導の場合は、熱心で誠実な教師ほど、子どもへの愛情をもって積極的に語りかけ、働きかけるものである。しかし、そうした場合に問題なのは、たとえ指導の結果がうまくいかなかった時も、教師が自分としては善意で一生懸命やったのだから仕方がないと自分で合理化し、さらに周囲の人もそう評価してしまうことが多いということである。

　ある実例を挙げよう。ある中学校の二年生であるＫ男は、自分勝手な性格で粗暴な行動に走りやすい生徒であった。学級担任のＳ先生は、四月の新学期早々から学級経営方針を打ち出して熱心に学級指導に取り組み、Ｋ男に対しても何とかよい生徒にしたいとの善意から、一生懸命個別指導を重ねた。しかしＫ男にとっては、そのようなＳ先生の指導はただ口うるさいだけであり、Ｓ先生の自分への愛情とは受け取らず、自分だけがしつこく注意されると思いこみ、次第に反発し恨むようになった。そうしたある日、Ｋ男の粗暴な行動に対してＳ先生が注意し、話が長くなりかけた時、Ｋ男が突然キレて怒り出し、Ｓ先生に殴りかかり、打撲傷を負わせた。この事例でも、Ｓ先生は「自分は教師として最善をつくした。それなのにＫ男は……」と自己評価し、他の教師たちも「Ｓ

先生はよく指導していた」という見方で、K男に対する指導については問題がなかったとされ、もっぱらK男への事後対応だけが取り上げられた。

しかし、もしS先生がK男を内面的に深く理解することができたら、別の指導の方法が選ばれ、対教師暴力にまで至らずにすんだのではないかと思われる。教師と子どもの関係は、お互いの相性の問題や、言葉が誤解されやすいことなどがあるために、いくら教師が善意をもって一生懸命に指導しても、教師の気持や言葉が教師の意図したとおりに子どもに受け取られるとは限らない。それだけでなく、この事例のように教師の指導がかえって逆効果になる場合もあることを十分留意しなければならない。教師の善意や熱心さを、指導の結果への免罪符にしてはならないのである。それぞれの子どものそれぞれの問題に、どのような指導をすればよいか、どのような指導をしてはいけないかを見極め、ケース・バイ・ケースの適切な指導ができることこそ、専門職たる教師の力量として期待されるものである。

注
（１） 心理学の用語で人間の防衛機制の一つ。自分の失敗や欠点を他人のせいにしたり、もっともらしい理由をつけることによって、自分を正当化すること。
（２） 「教師論」の授業の開講時に実施したもので「よい教師の条件（資質）」として24の項目を列挙し、その中から特に重要と思うものを五つ選択させた。第二位以下多く選ばれたのは「子どもをえこひいきしない」「子どもが相談しやすい」「やさしさと厳しさを兼ね備えている」などであり、あまり選ばれなかったのは、「情報処理能力にすぐれている」「身なりがきちんとしていて清潔である」「勤勉でまじめである」などである。
（３）（４） 第２章 第１節「道徳教育と感性教育」参照。
（５） 第２章 第２節「道徳の根元と心の教育」参照。
（６） 第１章 注（９）参照。
（７） 最近では、開かれた学級経営の観点に立ち、一人一人の子どもの自主性や創造性を尊重する教育方法として、オープン・スクールやチーム・ティーチングの実践が一部の学校で試みられている。

オープン・スクール（open-plan school, open-space school）は、同一年齢の子どもを同一学年の学級という集団に編成して、それを対象とした授業を行うという伝統的な教育方法から脱することを目指して、カリキュラムや建物の構造など、学習の諸条件を子ども中心に柔軟で開かれたものにしている学校である。「壁のない学校」と言われるように、広い他目的な部屋や広い廊下などがあり、同じスペースの中で子どもたちが自分の個別プログラムに従って個人又は小集団で学習する教育形態である。

チーム・ティーチング（team teaching）は、複数の教師がチームをつくり、共同でひとつの学年又は学級の子どもの学習指導に責任を負って当たること、又はひとつの学級のある教科の指導をチームで協力して行う授業形態のことである。

こうした教育的試みについては、教師の責任分担がはっきりしなくなるとか、子どもの注意集中がしにくくなるといった声もある。

（8）　前注（1）参照。
（9）　歴史的には16世紀にカトリック教会が発売したもので、罪を金銭で償うことを認めた証書。贖宥状（しょくゆうじょう）とも言われる。一般的には、それによって罪や責任を免れるためのものを言う。

第7章　道徳教育と家庭・地域（社会）

第1節　学校・家庭・地域（社会）の連携(1)

　道徳教育がその育成を目指す道徳性（道徳的主体性、感性）は、人格の基盤をなすものであるから、子どもを取り巻くすべての環境において、あらゆる機会を通して行われなければ、道徳教育の十分な成果は期待できない。具体的に言えば、学校・家庭・地域（社会）の三者が運命共同体として一貫した方針をもち、共通理解のもとに、それぞれの役割を果たすことが重要だということである。こうした道徳教育における三者の連携は、社会の変化が急激で価値観の多様化が進み、さらに学校週5日制を導入した（2003年度から実施）我が国の現状からみると、ますますその重要性を増している。

　一般に学校・家庭・地域（社会）の連携というと、三者が別個に存在するものであり、異なった三者間の連携であると考えられやすい。しかし実際は学校も家庭も地域（社会）の中に存在するものであり、三者の連携とは、その地域（社会）内にある家庭も学校もそれ以外の施設も含めて、住民にかかわるすべての機能が一体となって活動するネットワークを構築することにほかならない。つまり「地域社会」とは、「住民の全生活が営まれるに足る制度・組織・施設があり、住民の間に共通の生活様式と共同体としての感情が存在する一定範囲を言う」のである。(2)

　このような地域社会全体の連携に関して、青少年問題審議会の答申

「『戦後』を超えて ―― 青少年の自立と大人社会の責任」(平成11年7月22日)[3]では、青少年育成の基盤となる新たな地域コミュニティの形成を提言している。そして地域コミュニティとは、「地域の一定のエリア内に存在する家庭、学校、地域住民、企業、民間団体、関係機関がネットワークを構築し、連帯感のある有機的なまとまり」をかたちづくったものと規定されている。このような「まとまり」は、子どもの道徳性を育成するために、さらには第2章で述べた心の教育のために必要な環境づくりとして、一定の地域社会の問題にとどまらず、我が国の社会全体においても求められなければならない。〔本来の意味での地域社会と社会全体における家庭・学校以外の場を区別する適当な用語がないため、本書ではどちらにも「地域(社会)」という用語を当てている。〕

　学校・家庭・地域(社会)の連携を深めるには、学校における道徳教育の実態について親や地域の人々が理解を深め、学校での指導が家庭や地域(社会)の生活の中に反映されなければならない。他方、学校は家庭や地域(社会)の文化や伝統を大切にし、家庭や地域(社会)での取り組みを学校の生活に生かすように努めることも必要である。

　このような学校としての努力とともに、家庭や地域(社会)もまた、マイホーム主義や事なかれ主義の立場から自分の家族・縁者のみの幸福を考えるような態度は捨て、家庭間の交流を密にし地域(社会)のまとまりを強めて、学校の道徳教育と協力し補い合うように積極的に努力しなければならない。

　このように学校・家庭・地域(社会)の三者が閉鎖的・排他的な姿勢を脱し、互いに開かれた関係で連携に努めることによって、それぞれの教育力もまた強化されていくと考えられる。そのためには、これら三者がそれぞれの道徳教育に果たす役割を、互いに十分認識しあうことが必要である。

第2節　家庭における道徳教育

　人間は社会的存在であり、さまざまな社会集団に所属して生きている。その中で、家庭は最も基礎的な集団と言われ、人格の基礎を形成する場として重要である。家庭での教育は生涯におけるすべての教育の土台であり、人格形成の第一歩は家庭における道徳教育に始まる。つまり、家庭における道徳教育は、子どもに人間としての生き方の基本を学習させるという役割をもっている。⁽⁴⁾

1　親と子の人間関係づくり

　家庭が人間としての生き方の基本を子どもに学習させるにあたって大前提となるのは、親子の望ましい人間関係である。それは、親が子どもを人間として尊重し、子育ての責任を果たそうとする真の愛情でかかわることと、それを子どもが感じとって親に絶対的な信頼感をもつことによってつくられる。そのような人間関係をつくるためには、コミュニケーションを密にすること（特に乳幼児期はできるだけスキンシップを図ること）、親が子どもを私物化しないこと、共感的に接することなどが大切である。これは、親が子どもと一緒にいる時間の長さという量の問題ではなく、親と子どもがいかにかかわるかという質の問題として考えるべきである。

　家庭における道徳教育の指導原理としては、父性原理（きびしさ）と母性原理（やさしさ）の両者の調和が望ましい。しかし我が国の家庭の現状をみると、「男は仕事、女は家庭」という意識が強く、子育てにおいて「父親不在」の状況が一般的である。そこから母子癒着という母性一色の偏った親子関係がつくられてしまう。これは、ドイツの家庭で家

事はすべて夫婦共同であること、特に子育てにおける父親の存在感の大きいことと対照的である。我が国では、父親が家庭に背を向けず、もっと家族と真正面から向き合うことが大きな課題である。それは「父権の復活」とも言われる。

その場合、父性原理と母性原理は、必ずしも父親と母親の両者がいなければ機能しないということではない。片親であっても、さらには両親がいなくても、養育者と子どもの間に二つの原理が働く望ましい人間関係はつくりうると考える。とにかく子どもを養育する際には、このような人間関係づくりに努めることがなによりも大切である。

2　基本的生活習慣のしつけ

家庭における道徳教育で子どもに学習させる人間としての生き方の基本として大切なのは、基本的生活習慣のしつけ、生命情操の基礎づけ、及び自立への援助である。そこで、まずしつけの問題から考えていこう。

しつけとは、日常生活における健康保持や礼儀作法に関する基本的な行動様式を身につけさせることである。第1章の「道徳教育の方法原理」のところでも述べたが、しつけの指導は乳幼児期から児童前期の段階で特に有効かつ必要である。しかし児童後期から青年期になっても、しつけが全く不要になるわけではない。ただしつけを行うにあたっては、子どもの道徳性の発達段階の特質を把握し、一人一人の個性を理解した上で行うことが大切である。最初の段階のしつけは理屈ぬきで習慣化させるという傾向が強いが、子どもの発達に伴って、さまざまな経験を通しての動機づけや大人の指導助言によって考えさせるといった方法を加えていくことが必要である。

しつけの中でも特に大切と考えられるのは、人間関係のしつけ、すなわち礼儀である。そして礼儀はあいさつに始まる。あいさつとは、相手

を尊重し、親愛の情や尊敬の気持を表現する行動である。したがって、まず「おはよう」「おやすみなさい」「いってきます」「ただいま」といった日常生活での最も基本的なあいさつを家族間でしっかりと習慣化することが、人間関係のしつけの基本として重要である。あいさつの仕方を身につけることがもとで、時と場に応じた適切な言動がとれるようになると思われる。

　1999（平成12）年に文部省が実施した国際比較調査(10)によると、外国に比べて我が国の親はしつけが不十分であると結論づけている。例えば「うそをつかないように」とよく諭す親は父親で11パーセント、母親で16パーセントのみであり、3〜5割程度の親がよく諭している他の国に比べ大きな開きがある。少なくとも、我が国では親が子どもに深くかかわらなくなっていると言うことができよう。これは、親の過保護や放任につながることである。一方、我が国では親の子育てに対する自信過剰や過干渉の傾向がみられることも事実であり、その極端な形として、親による子どもの虐待が年々その数を増している(11)。

　いずれにせよ、今日の我が国では、家庭崩壊という言葉が一般化しているように、親の役割を果たそうとしない、または果たすことのできない親たちが増えている。それは「親性の崩壊」の状況と言うこともできよう。つまり望ましい人間関係にない親と子が増えているということであり、このことが家庭における道徳教育を充実させる上で最大の障害となっている。親になることは易しいが、親であることは難しい。今、一人一人の父親、母親が子育てに対する自らの責任をはっきり自覚し、自分自身の生き方をふまえて、真剣に子どもに接していくことが求められている。

3　生命情操の基礎づくり

　生命情操とは、第2章第2節で述べた通り、道徳性（道徳的主体性）

の中核としての高い感情であり、感性を支えるものである。

　我が国に伝わっている「三つ子の魂百まで」ということわざは、3歳頃の感情の在り方は一生変わらずに人間の性格を左右するという意味である。言い換えれば、人間の感情はきわめて早く固定するものなので、感情面の教育（情操教育）は乳幼児期にできるだけ早く行われなければならないということである。

　つまり、「いのち」に対して畏敬の念をもち、「いのち」と「いのち」のつながりを尊重するという生命情操は、乳幼児期にその基礎を確立することが不可欠であり、そこから愛、感謝、思いやり、親切、奉仕といった重要な道徳的価値観が道徳性として培かわれていくと考えられる。

　したがって家庭では、家族間での愛情と信頼の人間関係を基盤として、早い時期から子どもの感情を高め豊かにするような芸術や文化に触れさせたり、家の内外で動物や植物などさまざまな生物との触れ合いの場をもったりして、子どもにいのちの大切さを実感させる機会を積極的に設けていくことが必要である。逆に、自然破壊や動物虐待の行動、夫婦間の争い、学校（教師）への非難など、いのちやそのつながりをないがしろにするような言動は、子どもの前では絶対に避けるよう留意しなければならない。

4　自立への援助

　自立とは、いわゆる「ひとりだち」であり、身体的自立と精神的自立がある。総括すれば、個性をもち、かつ自律できる存在として、自分の力で生きることである。自立性の類似語として自主性や主体性といった言葉がある。

　この自立性・自主性・主体性に関して重要なことは、こうした人間の特性は、子どもの発達段階に即した適切な教育——特に道徳教育——

によってのみ育成されるということである。「子どもの権利」「個の尊重」といった考え方を偏重して子どもを自然の成長にまかせ、子どもに特別な働きかけをしないことを是とするところからは、自立性や主体性は育たない。例えば、幼児期から「自分で考えて行動しなさい」という態度で子どもに接すると、子どもはとまどいや不安を感じてストレスがたまり、自立どころか大人の顔色をうかがう依存性や自分の快楽で行動を決める利己主義が育ってしまうのではなかろうか。親は、子どものしつけを行い、生命情操を育てるとともに、毅然とした態度で善悪や正邪の区別を教え、子どもが精神的自立へ向かって確実な歩みをするように援助することが必要である。

　自立のための家庭教育として大切なものに家事手伝いの問題がある。今日では、勉強などのために家事の手伝いをさせない家庭も増えている。手伝いをさせている家庭でも、あくまでも「手伝い」であり、親の本業である家事を、勉強を本業とする子どもが、時間の余裕とやる気がある場合に助けてやるものとされている。これでは家族の一員としての責任感や満足感（生きる喜び）は育たない。そこで家庭では、子どもにも「家事手伝い」でなく「家事分担」として家事の一部を担当させるべきである。どのようなことを分担させるかは、子どもの発達段階や性別・個性によって考えればよいことである。こうした家事分担を通して、子どもは家族の一員としての連帯感を深め、思いやりや責任感などを育てて、生きる喜びを実感できる真の自立性を身につけていくと考える。

　このように家事分担など家庭内で多様な体験をさせることとともに、家庭外でも家族そろってさまざまな体験を共有することが、子どもにとって人間としての基本的な生き方の学習に大いに役立つのである。

第3節　地域（社会）における道徳教育

　学校や家庭を取り巻く地域（社会）は人格の形成にとってきわめて重要な場であり、学校や家庭が道徳教育に熱心であっても、地域（社会）がそれに反する状況であれば、道徳教育の効果は無に帰してしまうであろう。地域（社会）の果たすべき道徳教育の役割として特に重要なのは、子どもが道徳的な体験をする機会を増やしていくことと、家庭が行う子育てに対して支援することである。

1　体験の機会の充実

　今の子どもたちにとって、個人的な遊びや受験勉強の機会はわりあいに豊かであるが、人間としての生きる喜びにつながる体験や集団活動の機会は不足しており、それがさまざまな問題を招いている。そこで、地域（社会）として、子どもが興味・関心をもち積極的に取り組むような、望ましい直接体験の機会を増やしていくように努めることが必要である。その例として、次のようなものが考えられる。
(1)　みんなで仲良く楽しむ屋外での遊び体験。
(2)　フェスティバルの催しや伝統工芸・芸能・武道の伝承などに参加する文化体験。
(3)　山歩き、キャンプ、農・山・漁村ホームステイなどの自然体験。
(4)　美化・福祉・国際協力などのボランティア体験。
(5)　子ども会対抗球技大会、自治会の運動会などのスポーツ体験。
(6)　地域の救助・防災訓練の体験。
(7)　会社、工場、商店、その他各種施設・機関での職業体験。
(8)　学問、芸術、技術、スポーツなどに関する学習・訓練体験。

この中で、例(8)を実現するためには、一人一人の子どもが専門家の指導のもとに楽しく個性の伸張を図ることのできる「子どもの城」ともよぶべき施設を地域に設けることが必要である。場所的には地区センター、青少年センターなどのほか、少子化に伴って小・中・高校に生まれる余裕教室（学校）やグラウンドの活用が考えられよう。また、全体を通して、このような地域（社会）の教育活動を推進するためには、学校、家庭、企業、病院、警察、行政などが連携し、地域住民が一体となって「地域教育推進協議会」といったものを設置し、幅広い連絡や計画的な実践を支えることが必要である。

　このようなことを可能にするためには、まずなによりも地域（社会）の人々の積極的な熱意が前提となる。しかし現状では子どもの育成への人々の意識は高いとは言えないので、学校や教育行政機関が地域（社会）の教育力の向上を支援していくことが必要と思われる。例えば、学校が各種の分野で優れた知識や技能を有する地域（社会）の人材を学校経営や教育活動に活用することや、地域（社会）の行事に協力したり積極的に参加することが、地域（社会）への刺激となってその教育力を高めることにもなる。また、教育行政機関が地域（社会）に対して子どもの育成に関する啓発を行ったり、地域（社会）の教育力の中心となる指導者の養成・確保に努めることも大切である。

　とにかく、このような直接体験で、子どもたちは同年齢の子どもだけでなく異年齢集団や異世代の人々と交流し、また自然と触れ合うことを通して、コミュニケーション能力や生命情操、自然への畏敬の念などの道徳性（感性）を育て、国際化、環境保護、高齢化社会への対応といった社会問題への意識を高めることが期待される。さらに、地域（社会）の一員としての自覚を育て、愛郷心や日本人としての自覚を高める指導にもつながると考えられる。

2　家庭への子育て支援

　今、我が国では、価値の多様化した豊かな社会の中に生まれ育った人々が親になってきている。そして、前節で述べたように、子育てについての確信をもてない親や自覚をしていない親が増えている。そのため、学校教育に親性を育てる教育を積極的に導入するとともに、地域（社会）でも親になる人や親になった人に子育ての重要さについて啓発し、望ましい子育ての仕方について考え学ぶ機会を提供していくことが、大きな役割として期待される。(12) 個性豊かな者同士が、それぞれの違いを認め合いながら共に生きていく「共生」のためには、子育てを学校や家庭だけに任せず、地域（社会）の人々が協力して社会全体で子どもを共に育てる「共育」の働きが大切なのである。(13)

　このような地域（社会）の教育力を高めるためには、体験の機会の充実と同じく、学校や行政機関が地域（社会）を支援していく必要がある。例えば、PTAや自治会の組織、青少年委員、民生委員などに働きかけて、教師と親、または親同士が学び合う機会をつくったり、専門家による子育て相談の機能を充実することなどが考えられる。なお企業が「親（特に父親）を家庭や地域に返す」という観点から、従業員の家庭生活の充実や地域（社会）における多様な活動への参加について十分な配慮を行うこと、従業員研修の一環として育児や家族間コミュニケーションに役立つ研修を行うことなども、子育て支援として有効であろう。(14)

　さらに地域（社会）での教育環境を正すことも、家庭の子育てに対する大きな支援となる。特に携帯電話、パソコン、テレビ、ビデオ、雑誌、ゲームソフト、などの中には、子どもの健全育成を阻害する有害情報がかなり多くみられるし、(15) また、テレホンクラブや酒・たばこの自動販売機など、子どもの不健全な行為を誘発しやすい環境も問題である。このような環境を改善するためには、法令や条例による取り締まりだけ

でなく、関係業者の自主的な規制と地域住民による運動が一体となって努力を重ねることが重要である。[16]

　このように地域（社会）全体がまとまって子どもの道徳教育のために力強い働きをするためには、社会全体の在り方が変わっていく必要がある。その第一は、学歴偏重社会から能力評価社会への転換である。[17]学歴・学校歴といった単一の評価尺度を偏重する単線型の社会から、考える力や創造性、専門的な知識や技術などの多元的な評価尺度と多様な選択肢をもった複線型の社会へと変わっていくことが不可欠である。それは、「ナンバーワン」を重視する教育から「オンリーワン」を重視する教育への転換とも言える。

　第二には、豊かな社会（使い捨て社会）から省エネルギー社会（循環型社会）への転換である。[18]人間を取り巻く自然資源の有限性と、人間が目先の欲望と利便性の追求によって環境破壊をしている実態を十分に認識し、一人一人が自制して、物を大切にし、資源のリサイクルを推進し、不必要なエネルギーを使わない省エネ社会の実現に向けて積極的に取り組むことも、地球を愛し人間を愛する心豊かな社会を生み出すことにつながるものとして、重要な課題である。

　さらには第三として、欲望依存型社会から生きる喜び共創社会への転換が求められる。これは能力評価社会と節エネルギー社会の理念を包含したものである。人々が欲望を拡大しながら進んできている今までの生き方を反省し、合理性が善、お金が善、多数が善、勉強だけできれば善、自分だけ楽しければ善といった価値観から離れ、いのちとそのつながりを尊重した共生の中で、オンリーワンの存在としての自己実現を図っていくとともに、お互いが支えあって人間として生きる喜びを共に創りだしていく（共創）ような社会こそが、最も究極的な理想社会の在り方と言えよう。

注
（１）　本書では、地域社会と社会全体とを併せて示すために、「地域（社会）」という表現を用いている。
（２）　大平勝馬編著『新版道徳教育の研究』建帛社、1975。
（３）　この答申は、平成9年7月28日の内閣総理大臣の諮問「青少年の問題行動への対策を中心とした西暦2000年に向けての青少年の育成方策について」に対するものである。
（４）　新しい教育基本法（平成18年12月22日）の第10条第1項には、「父母その他の保護者は、子の教育について第一義的責任を有するものであって……」と明記された。
（５）　人と人との直接的な肌の触れ合いによって生まれる親密な心の交流のこと。
（６）　第1章　注（9）参照。
（７）　子どもに社会的規範を身につけさせたり、善悪の判断能力や課題解決能力を獲得させる役割を果たす。子どもを対象として扱う原理で、強く正しい子どもをつくりあげるという肯定的な面と、子どもを自分から切り離す力が強すぎて、破壊させてしまうという否定的な面を持つ。今日の我が国では、特に父性の確立と実践が社会的急務と言われている。
（８）　善悪を超えて慈愛や同情によって子どもを包みこみ保護する役割を果たす。母子一体の原理であり、子どもを生み育てるという肯定的な面と、子どもをかかえこみすぎてその自立を妨げるという否定的な面を持つ。
（９）　漢字では「躾」と書く。衣服や作物のしつけ（したて、しあげ）が語源とされる。しつけはその社会や文化に制約させるが、子どもの道徳教育の第一段階として重要であり、しつけの仕方は人間形成に大きな影響をもつ。
（10）　1999年10〜12月に、日、韓、米、独の5か国の小学5年生と中学2年生を対象に実施。日本では東京都の2258人が、他国では都市部の子ども1000人前後が回答している。内容は子どもの生活実態を比較したもので、家庭のしつけの問題では「人に迷惑をかけない」「うそをつかない」「いじめをしない」など12項目について、ふだん親からどの程度注意されているかを聞いている。その結果、日本は10項目で「よく言われる」割合が最低であった。
（11）　『平成17年版　青少年白書』（内閣府）によると、2004年の1年間に警察が検挙した児童虐待事件は229件、そのうち死亡した児童は51人となっている。なお、2000年5月17日に成立した「児童虐待の防止等に関する法律」では、児童虐待の定義として

1．身体に外傷が生じ、または生じる恐れのある暴行。
　　　2．わいせつ行為をしたり、させたりすること。
　　　3．心身の正常な発達を妨げるような著しい減食または長期間の放置など保護者としての監護を著しく怠ること。
　　　4．著しい心理的外傷を与える言動。
　を行うことと定義し、その上で「何人も、児童に対し虐待をしてはならない。」と明記している。
(12) 　新しい教育基本法の第10条第2項には「国及び地方公共団体は、家庭教育の自主性を尊重しつつ、保護者に対する学習の機会及び情報の提供その他の家庭教育を支援するために必要な施策を講ずるよう努めなければならない」と規定されている。
(13) 　例えば、基本的生活習慣についても、食事のマナーの悪さ、車中の大声での会話、赤信号の無視、吸いがら・紙くずのポイ捨てなど、まず大人が反省すべき行動が多くみられる。
(14) 　本章第1節で触れた青少年問題審議会の答申で、企業の取り組みへの具体的提案として、職場への拘束時間の短縮、単身赴任の回避などとともに述べられている。
　　2003年7月に成立した「次世代育成支援対策推進法」(厚生労働省)では、地方自治体と大企業に対して、子育て支援のための行動計画策定を義務づけ、地域や企業の子育て環境の改善をめざしている。
(15) 　1997年に日本PTA全国協議会が中学3年生の保護者約1,800人を対象に行ったアンケート調査では、88パーセントが「TVやマスコミの情報が子どもに悪影響を及ぼしている」と回答している。また、『平成20年版　青少年白書』によると、2007(平成19)年中、「出会い系サイト」を利用して犯罪の被害に遭った児童1,100人のうち、アクセス手段として携帯電話を使用した者は1,062人(96.5%)となっている。
(16) 　テレビについては、関係業者による自主規制が不十分であるとして、放送番組の過激な暴力的・性的映像を自動的に制限する装置「Vチップ」(Violence chip)を導入するべきだという意見もある。アメリカでは1998年7月からVチップの付いたテレビ受像機が発売されており、国全体としてすべてのテレビにVチップの内蔵を義務づける動きが進んでいる。
(17) 　注の(14)と同じ答申で、やはり具体的提言の一つとして述べられている。
(18) 　2000年5月に制定された「循環型社会形成推進基本法」で打ち出された理念。この法では、これまでの大量生産、大量消費、大量放棄社会を変えて、廃棄物の再使用や再生利用などの資源循環を基本にした経済社会をつくる必要が

あると定められている。

資 料 編

資料 1 教育基本法・学校教育法 …………………… *115*
資料 2 道徳教育に関する学習指導要領（平成 20・21 年）の内容 …………………………………… *123*
   1　小 学 校
     第 1 章　総　　則 ………………………………… *123*
     第 3 章　道　　徳 ………………………………… *124*
     第 5 章　総合的な学習の時間 …………………… *130*
     第 6 章　特別活動 ………………………………… *132*
   2　中 学 校
     第 1 章　総　　則 ………………………………… *134*
     第 3 章　道　　徳 ………………………………… *135*
     第 4 章　総合的な学習の時間 …………………… *139*
     第 5 章　特別活動 ………………………………… *141*
   3　高等学校
     第 1 章　総　　則 ………………………………… *142*
     第 2 章　各学科に共通する各教科 ……………… *144*
        第 3 節　公　　民 …………………………… *144*
     第 4 章　総合的な学習の時間 …………………… *152*
     第 5 章　特別活動 ………………………………… *154*
資料 3 「道徳の内容」の学年段階・学校段階の一覧表 ………………………………………………… *156*
資料 4 小・中学校における道徳教育の指導計画の例 …………………………………………………… *158*
   1　道徳教育の全体計画 ……………………………… *158*
   2　学級における指導計画 …………………………… *166*
   3　道徳の時間の年間指導計画 ……………………… *172*
   4　道徳時間の学習指導案 …………………………… *180*
資料 5 道徳の時間の授業参観時の記録の例 ………… *205*

資料 1 教育基本法・学校教育法

教育基本法
(平成18. 12. 22)
(法律第120号)

　我々日本国民は、たゆまぬ努力によって築いてきた民主的で文化的な国家を更に発展させるとともに、世界の平和と人類の福祉の向上に貢献することを願うものである。

　我々は、この理想を実現するため、個人の尊厳を重んじ、真理と正義を希求し、公共の精神を尊び、豊かな人間性と創造性を備えた人間の育成を期するとともに、伝統を継承し、新しい文化の創造を目指す教育を推進する。

　ここに、我々は、日本国憲法の精神にのっとり、我が国の未来を切り拓く教育の基本を確立し、その振興を図るため、この法律を制定する。

第一章　教育の目的及び理念

（教育の目的）

第一条　教育は、人格の完成を目指し、平和で民主的な国家及び社会の形成者として必要な資質を備えた心身ともに健康な国民の育成を期して行われなければならない。

（教育の目標）

第二条　教育は、その目的を実現するため、学問の自由を尊重しつつ、次に掲げる目標を達成するよう行われるものとする。

一　幅広い知識と教養を身に付け、真理を求める態度を養い、豊かな情操と道徳心を培うとともに、健やかな身体を養うこと。

二　個人の価値を尊重して、その能力を伸ばし、創造性を培い、自主及び自律の精神を養うとともに、職業及び生活との関連を重視し、勤労を重んずる態度を養うこと。

三　正義と責任、男女の平等、自他の敬愛と協力を重んずるとともに、公共の精神に基づき、主体的に社会の形成に参画し、その発展に寄与する態度を養うこと。

四　生命を尊び、自然を大切にし、環境の保全に寄与する態度を養うこと。

五　伝統と文化を尊重し、それらをはぐくんできた我が国と郷土を愛するとともに、他国を尊重し、国際社会の平和と発展に寄与する態度を養うこと。

（生涯学習の理念）

第三条　国民一人一人が、自己の人格を磨き、豊かな人生を送ることができるよう、その生涯にわたって、あらゆる機会に、あらゆる場所において学習することができ、その成果を適切に生かすことのできる社会の実現が図られなければならない。

（教育の機会均等）

第四条　すべて国民は、ひとしく、その能力に応じた教育を受ける機会を与えられなければならず、人種、信条、性別、社会的身分、経済的地位又は門地によって、教育上差別されない。

2　国及び地方公共団体は、障害のある者が、その障害の状態に応じ、十分な教育を受けられるよう、教育上必要な支援を講じなければならない。

3　国及び地方公共団体は、能力があるにもかかわらず、経済的理由によって修学が困難な者に対して、奨学の措置を講じなければならない。

第二章　教育の実施に関する基本

（義務教育）

第五条　国民は、その保護する子に、別に法律で定めるところにより、普通教育を受けさせる義務を負う。
2　義務教育として行われる普通教育は、各個人の有する能力を伸ばしつつ社会において自立的に生きる基礎を培い、また、国家及び社会の形成者として必要とされる基本的な資質を養うことを目的として行われるものとする。
3　国及び地方公共団体は、義務教育の機会を保障し、その水準を確保するため、適切な役割分担及び相互の協力の下、その実施に責任を負う。
4　国又は地方公共団体の設置する学校における義務教育については、授業料を徴収しない。

（学校教育）

第六条　法律に定める学校は、公の性質を有するものであって、国、地方公共団体及び法律に定める法人のみが、これを設置することができる。
2　前項の学校においては、教育の目標が達成されるよう、教育を受ける者の心身の発達に応じて、体系的な教育が組織的に行われなければならない。この場合において、教育を受ける者が、学校生活を営む上で必要な規律を重んずるとともに、自ら進んで学習に取り組む意欲を高めることを重視して行われなければならない。

（大学）

第七条　大学は、学術の中心として、高い教養と専門的能力を培うとともに、深く真理を探究して新たな知見を創造し、これらの成果を広く社会に提供することにより、社会の発展に寄与するものとする。
2　大学については、自主性、自律性その他の大学における教育及び研究の特性が尊重されなければならない。

（私立学校）

第八条　私立学校の有する公の性質及び学校教育において果たす重要な役割にかんがみ、国及び地方公共団体は、その自主性を尊重しつつ、助成その他の適当な方法によって私立学校教育の振興に努めなければならない。

（教員）

第九条　法律に定める学校の教員は、自己の崇高な使命を深く自覚し、絶えず研究と修養に励み、その職責の遂行に努めなければならない。

2　前項の教員については、その使命と職責の重要性にかんがみ、その身分は尊重され、待遇の適正が期せられるとともに、養成と研修の充実が図られなければならない。

（家庭教育）

第十条　父母その他の保護者は、子の教育について第一義的責任を有するものであって、生活のために必要な習慣を身に付けさせるとともに、自立心を育成し、心身の調和のとれた発達を図るよう努めるものとする。

2　国及び地方公共団体は、家庭教育の自主性を尊重しつつ、保護者に対する学習の機会及び情報の提供その他の家庭教育を支援するために必要な施策を講ずるよう努めなければならない。

（幼児期の教育）

第十一条　幼児期の教育は、生涯にわたる人格形成の基礎を培う重要なものであることにかんがみ、国及び地方公共団体は、幼児の健やかな成長に資する良好な環境の整備その他適当な方法によって、その振興に努めなければならない。

（社会教育）

第十二条　個人の要望や社会の要請にこたえ、社会において行われる教育は、国及び地方公共団体によって奨励されなければならない。

2　国及び地方公共団体は、図書館、博物館、公民館その他の社会教育施設の設置、学校の施設の利用、学習の機会及び情報の提供その他の適当な方法によって社会教育の振興に努めなければならない。

（学校、家庭及び地域住民等の相互の連携協力）

第十三条　学校、家庭及び地域住民その他の関係者は、教育におけるそれぞれの役割と責任を自覚するとともに、相互の連携及び協力に努めるものとする。

（政治教育）

第十四条 良識ある公民として必要な政治的教養は、教育上尊重されなければならない。

2　法律に定める学校は、特定の政党を支持し、又はこれに反対するための政治教育その他政治的活動をしてはならない。

（宗教教育）

第十五条 宗教に関する寛容の態度、宗教に関する一般的な教養及び宗教の社会生活における地位は、教育上尊重されなければならない。

2　国及び地方公共団体が設置する学校は、特定の宗教のための宗教教育その他宗教的活動をしてはならない。

第三章　教育行政

（教育行政）

第十六条 教育は、不当な支配に服することなく、この法律及び他の法律の定めるところにより行われるべきものであり、教育行政は、国と地方公共団体との適切な役割分担及び相互の協力の下、公正かつ適正に行われなければならない。

2　国は、全国的な教育の機会均等と教育水準の維持向上を図るため、教育に関する施策を総合的に策定し、実施しなければならない。

3　地方公共団体は、その地域における教育の振興を図るため、その実情に応じた教育に関する施策を策定し、実施しなければならない。

4　国及び地方公共団体は、教育が円滑かつ継続的に実施されるよう、必要な財政上の措置を講じなければならない。

（教育振興基本計画）

第十七条 政府は、教育の振興に関する施策の総合的かつ計画的な推進を図るため、教育の振興に関する施策についての基本的な方針及び講ずべき施策その他必要な事項について、基本的な計画を定め、これを国会に報告す

るとともに、公表しなければならない。
2　地方公共団体は、前項の計画を参酌し、その地域の実情に応じ、当該地方公共団体における教育の振興のための施策に関する基本的な計画を定めるよう努めなければならない。

第四章　法令の制定

第十八条　この法律に規定する諸条項を実施するため、必要な法令が制定されなければならない。

学 校 教 育 法 （抄）

（昭和22. 3. 31
法 律 第 26 号
一 部 改 正 ：
平成19. 6. 27
法 律 第 96 号）

第二章　義務教育

第二十一条　義務教育として行われる普通教育は、教育基本法（平成十八年法律第百二十号）第五条第二項に規定する目的を実現するため、次に掲げる目標を達成するよう行われるものとする。
一　学校内外における社会的活動を促進し、自主、自律及び協同の精神、規範意識、公正な判断力並びに公共の精神に基づき主体的に社会の形成に参画し、その発展に寄与する態度を養うこと。
二　学校内外における自然体験活動を促進し、生命及び自然を尊重する精神並びに環境の保全に寄与する態度を養うこと。
三　我が国と郷土の現状と歴史について、正しい理解に導き、伝統と文化を尊重し、それらをはぐくんできた我が国と郷土を愛する態度を養うとともに、進んで外国の文化の理解を通じて、他国を尊重し、国際社会の

平和と発展に寄与する態度を養うこと。
四　家族と家庭の役割、生活に必要な衣、食、住、情報、産業その他の事項について基礎的な理解と技能を養うこと。
五　読書に親しませ、生活に必要な国語を正しく理解し、使用する基礎的な能力を養うこと。
六　生活に必要な数量的な関係を正しく理解し、処理する基礎的な能力を養うこと。
七　生活にかかわる自然現象について、観察及び実験を通じて、科学的に理解し、処理する基礎的な能力を養うこと。
八　健康、安全で幸福な生活のために必要な習慣を養うとともに、運動を通じて体力を養い、心身の調和的発達を図ること。
九　生活を明るく豊かにする音楽、美術、文芸その他の芸術について基礎的な理解と技能を養うこと。
十　職業についての基礎的な知識と技能、勤労を重んずる態度及び個性に応じて将来の進路を選択する能力を養うこと。

第四章　小学校

第二十九条　小学校は、心身の発達に応じて、義務教育として行われる普通教育のうち基礎的なものを施すことを目的とする。

第三十条　小学校における教育は、前条に規定する目的を実現するために必要な程度において第二十一条各号に掲げる目標を達成するよう行われるものとする。

第五章　中学校

第四十五条　中学校は、小学校における教育の基礎の上に、心身の発達に応じて、義務教育として行われる普通教育を施すことを目的とする。

第四十六条 中学校における教育は、前条に規定する目的を実現するため、第二十一条各号に掲げる目標を達成するよう行われるものとする。

第六章　高等学校

第五十条 高等学校は、中学校における教育の基礎の上に、心身の発達及び進路に応じて、高度な普通教育及び専門教育を施すことを目的とする。

第五十一条 高等学校における教育は、前条に規定する目的を実現するため、次に掲げる目標を達成するよう行われるものとする。

一　義務教育として行われる普通教育の成果を更に発展拡充させて、豊かな人間性、創造性及び健やかな身体を養い、国家及び社会の形成者として必要な資質を養うこと。

二　社会において果たさなければならない使命の自覚に基づき、個性に応じて将来の進路を決定させ、一般的な教養を高め、専門的な知識、技術及び技能を習得させること。

三　個性の確立に努めるとともに、社会について、広く深い理解と健全な批判力を養い、社会の発展に寄与する態度を養うこと。

資料 2 　道徳教育に関する学習指導要領
　　　　　（平成20・21年）の内容

1　小　学　校

第1章　総　則（抄）

第1　教育課程編成の一般方針

1　各学校においては、教育基本法及び学校教育法その他の法令並びにこの章以下に示すところに従い、児童の人間として調和のとれた育成を目指し、地域や学校の実態及び児童の心身の発達の段階や特性を十分考慮して、適切な教育課程を編成するものとし、これらに掲げる目標を達成するよう教育を行うものとする。

　学校の教育活動を進めるに当たっては、各学校において、児童に生きる力をはぐくむことを目指し、創意工夫を生かした特色ある教育活動を展開する中で、基礎的・基本的な知識及び技能を確実に習得させ、これらを活用して課題を解決するために必要な思考力、判断力、表現力その他の能力をはぐくむとともに、主体的に学習に取り組む態度を養い、個性を生かす教育の充実に努めなければならない。その際、児童の発達の段階を考慮して、児童の言語活動を充実するとともに、家庭との連携を図りながら、児童の学習習慣が確立するよう配慮しなければならない。

2　学校における道徳教育は、道徳の時間を要（かなめ）として学校の教育活動全体を通じて行うものであり、道徳の時間はもとより、各教科、外国語活動、総合的な学習の時間及び特別活動のそれぞれの特質に応じて、児童の発達の段階を考慮して、適切な指導を行わなければならない。

　道徳教育は、教育基本法及び学校教育法に定められた教育の根本精神に基づき、人間尊重の精神と生命に対する畏（い）敬の念を家庭、学校、その他社

会における具体的な生活の中に生かし、豊かな心をもち、伝統と文化を尊重し、それらをはぐくんできた我が国と郷土を愛し、個性豊かな文化の創造を図るとともに、公共の精神を尊び、民主的な社会及び国家の発展に努め、他国を尊重し、国際社会の平和と発展や環境の保全に貢献し未来を拓く主体性のある日本人を育成するため、その基盤としての道徳性を養うことを目標とする。

　道徳教育を進めるに当たっては、教師と児童及び児童相互の人間関係を深めるとともに、児童が自己の生き方についての考えを深め、家庭や地域社会との連携を図りながら、集団宿泊活動やボランティア活動、自然体験活動などの豊かな体験を通して児童の内面に根ざした道徳性の育成が図られるよう配慮しなければならない。その際、特に児童が基本的な生活習慣、社会生活上のきまりを身に付け、善悪を判断し、人間としてはならないことをしないようにすることなどに配慮しなければならない。

第3章 道　　徳

第1　目　　標

　道徳教育の目標は、第1章総則の第1の2に示すところにより、学校の教育活動全体を通じて、道徳的な心情、判断力、実践意欲と態度などの道徳性を養うこととする。

　道徳の時間においては、以上の道徳教育の目標に基づき、各教科、外国語活動、総合的な学習の時間及び特別活動における道徳教育と密接な関連を図りながら、計画的、発展的な指導によってこれを補充、深化、統合し、道徳的価値の自覚及び自己の生き方についての考えを深め、道徳的実践力を育成するものとする。

第2　内　　容

　道徳の時間を要として学校の教育活動全体を通じて行う道徳教育の内容は、次のとおりとする。

〔第1学年及び第2学年〕
1 主として自分自身に関すること。
 (1) 健康や安全に気を付け、物や金銭を大切にし、身の回りを整え、わがままをしないで、規則正しい生活をする。
 (2) 自分がやらなければならない勉強や仕事は、しっかりと行う。
 (3) よいことと悪いことの区別をし、よいと思うことを進んで行う。
 (4) うそをついたりごまかしをしたりしないで、素直に伸び伸びと生活する。
2 主として他の人とのかかわりに関すること。
 (1) 気持ちのよいあいさつ、言葉遣い、動作などに心掛けて、明るく接する。
 (2) 幼い人や高齢者など身近にいる人に温かい心で接し、親切にする。
 (3) 友達と仲よくし、助け合う。
 (4) 日ごろ世話になっている人々に感謝する。
3 主として自然や崇高なものとのかかわりに関すること。
 (1) 生きることを喜び、生命を大切にする心をもつ。
 (2) 身近な自然に親しみ、動植物に優しい心で接する。
 (3) 美しいものに触れ、すがすがしい心をもつ。
4 主として集団や社会とのかかわりに関すること。
 (1) 約束やきまりを守り、みんなが使う物を大切にする。
 (2) 働くことのよさを感じて、みんなのために働く。
 (3) 父母、祖父母を敬愛し、進んで家の手伝いなどをして、家族の役に立つ喜びを知る。
 (4) 先生を敬愛し、学校の人々に親しんで、学級や学校の生活を楽しくする。
 (5) 郷土の文化や生活に親しみ、愛着をもつ。

〔第3学年及び第4学年〕
1 主として自分自身に関すること。
  (1) 自分でできることは自分でやり、よく考えて行動し、節度のある生活をする。
  (2) 自分でやろうと決めたことは、粘り強くやり遂げる。
  (3) 正しいと判断したことは、勇気をもって行う。
  (4) 過ちは素直に改め、正直に明るい心で元気よく生活する。
  (5) 自分の特徴に気付き、よい所を伸ばす。
2 主として他の人とのかかわりに関すること。
  (1) 礼儀の大切さを知り、だれに対しても真心をもって接する。
  (2) 相手のことを思いやり、進んで親切にする。
  (3) 友達と互いに理解し、信頼し、助け合う。
  (4) 生活を支えている人々や高齢者に、敬愛と感謝の気持ちをもって接する。
3 主として自然や崇高なものとのかかわりに関すること。
  (1) 生命の尊さを感じ取り、生命あるものを大切にする。
  (2) 自然のすばらしさや不思議さに感動し、自然や動植物を大切にする。
  (3) 美しいものや気高いものに感動する心をもつ。
4 主として集団や社会とのかかわりに関すること。
  (1) 約束や社会のきまりを守り、公徳心をもつ。
  (2) 働くことの大切さを知り、進んでみんなのために働く。
  (3) 父母、祖父母を敬愛し、家族みんなで協力し合って楽しい家庭をつくる。
  (4) 先生や学校の人々を敬愛し、みんなで協力し合って楽しい学級をつくる。
  (5) 郷土の伝統と文化を大切にし、郷土を愛する心をもつ。
  (6) 我が国の伝統と文化に親しみ、国を愛する心をもつとともに、外国の人々や文化に関心をもつ。

〔第5学年及び第6学年〕
1 主として自分自身に関すること。
　(1) 生活習慣の大切さを知り、自分の生活を見直し、節度を守り節制に心掛ける。
　(2) より高い目標を立て、希望と勇気をもってくじけないで努力する。
　(3) 自由を大切にし、自律的で責任のある行動をする。
　(4) 誠実に、明るい心で楽しく生活する。
　(5) 真理を大切にし、進んで新しいものを求め、工夫して生活をよりよくする。
　(6) 自分の特徴を知って、悪い所を改めよい所を積極的に伸ばす。
2 主として他の人とのかかわりに関すること。
　(1) 時と場をわきまえて、礼儀正しく真心をもって接する。
　(2) だれに対しても思いやりの心をもち、相手の立場に立って親切にする。
　(3) 互いに信頼し、学び合って友情を深め、男女仲よく協力し助け合う。
　(4) 謙虚な心をもち、広い心で自分と異なる意見や立場を大切にする。
　(5) 日々の生活が人々の支え合いや助け合いで成り立っていることに感謝し、それにこたえる。
3 主として自然や崇高なものとのかかわりに関すること。
　(1) 生命がかけがえのないものであることを知り、自他の生命を尊重する。
　(2) 自然の偉大さを知り、自然環境を大切にする。
　(3) 美しいものに感動する心や人間の力を超えたものに対する畏敬の念をもつ。
4 主として集団や社会とのかかわりに関すること。
　(1) 公徳心をもって法やきまりを守り、自他の権利を大切にし進んで義務を果たす。
　(2) だれに対しても差別をすることや偏見をもつことなく公正、公平に

し、正義の実現に努める。
(3) 身近な集団に進んで参加し、自分の役割を自覚し、協力して主体的に責任を果たす。
(4) 働くことの意義を理解し、社会に奉仕する喜びを知って公共のために役に立つことをする。
(5) 父母、祖父母を敬愛し、家族の幸せを求めて、進んで役に立つことをする。
(6) 先生や学校の人々への敬愛を深め、みんなで協力し合いよりよい校風をつくる。
(7) 郷土や我が国の伝統と文化を大切にし、先人の努力を知り、郷土や国を愛する心をもつ。
(8) 外国の人々や文化を大切にする心をもち、日本人としての自覚をもって世界の人々と親善に努める。

第3　指導計画の作成と内容の取扱い

1 　各学校においては、校長の方針の下に、道徳教育の推進を主に担当する教師（以下「道徳教育推進教師」という。）を中心に、全教師が協力して道徳教育を展開するため、次に示すところにより、道徳教育の全体計画と道徳の時間の年間指導計画を作成するものとする。
(1) 道徳教育の全体計画の作成に当たっては、学校における全教育活動との関連の下に、児童、学校及び地域の実態を考慮して、学校の道徳教育の重点目標を設定するとともに、第2に示す道徳の内容との関連を踏まえた各教科、外国語活動、総合的な学習の時間及び特別活動における指導の内容及び時期並びに家庭や地域社会との連携の方法を示す必要があること。
(2) 道徳の時間の年間指導計画の作成に当たっては、道徳教育の全体計画に基づき、各教科、外国語活動、総合的な学習の時間及び特別活動との関連を考慮しながら、計画的、発展的に授業がなされるよう工夫するこ

と。その際、第2に示す各学年段階ごとの内容項目について、児童や学校の実態に応じ、2学年間を見通した重点的な指導や内容項目間の関連を密にした指導を行うよう工夫すること。ただし、第2に示す各学年段階ごとの内容項目は相当する各学年においてすべて取り上げること。なお、特に必要な場合には、他の学年段階の内容項目を加えることができること。

(3) 各学校においては、各学年を通じて自立心や自律性、自他の生命を尊重する心を育てることに配慮するとともに、児童の発達の段階や特性等を踏まえ、指導内容の重点化を図ること。特に低学年ではあいさつなどの基本的な生活習慣、社会生活上のきまりを身に付け、善悪を判断し、人間としてしてはならないことをしないこと、中学年では集団や社会のきまりを守り、身近な人々と協力し助け合う態度を身に付けること、高学年では法やきまりの意義を理解すること、相手の立場を理解し、支え合う態度を身に付けること、集団における役割と責任を果たすこと、国家・社会の一員としての自覚をもつことなどに配慮し、児童や学校の実態に応じた指導を行うよう工夫すること。また、高学年においては、悩みや葛藤(かっとう)等の心の揺れ、人間関係の理解等の課題を積極的に取り上げ、自己の生き方についての考えを一層深められるよう指導を工夫すること。

2 第2に示す道徳の内容は、児童が自ら道徳性をはぐくむためのものであり、道徳の時間はもとより、各教科、外国語活動、総合的な学習の時間及び特別活動においてもそれぞれの特質に応じた適切な指導を行うものとする。その際、児童自らが成長を実感でき、これからの課題や目標が見付けられるよう工夫する必要がある。

3 道徳の時間における指導に当たっては、次の事項に配慮するものとする。

(1) 校長や教頭などの参加、他の教師との協力的な指導などについて工夫し、道徳教育推進教師を中心とした指導体制を充実すること。

(2) 集団宿泊活動やボランティア活動、自然体験活動などの体験活動を生かすなど、児童の発達の段階や特性等を考慮した創意工夫ある指導を行うこと。
 (3) 先人の伝記、自然、伝統と文化、スポーツなどを題材とし、児童が感動を覚えるような魅力的な教材の開発や活用を通して、児童の発達の段階や特性等を考慮した創意工夫ある指導を行うこと。
 (4) 自分の考えを基に、書いたり話し合ったりするなどの表現する機会を充実し、自分とは異なる考えに接する中で、自分の考えを深め、自らの成長を実感できるよう工夫すること。
 (5) 児童の発達の段階や特性等を考慮し、第2に示す道徳の内容との関連を踏まえ、情報モラルに関する指導に留意すること。
4 道徳教育を進めるに当たっては、学校や学級内の人間関係や環境を整えるとともに、学校の道徳教育の指導内容が児童の日常生活に生かされるようにする必要がある。また、道徳の時間の授業を公開したり、授業の実施や地域教材の開発や活用などに、保護者や地域の人々の積極的な参加や協力を得たりするなど、家庭や地域社会との共通理解を深め、相互の連携を図るよう配慮する必要がある。
5 児童の道徳性については、常にその実態を把握して指導に生かすよう努める必要がある。ただし、道徳の時間に関して数値などによる評価は行わないものとする。

第5章 総合的な学習の時間（抄）

第1 目標

横断的・総合的な学習や探究的な学習を通して、自ら課題を見付け、自ら学び、自ら考え、主体的に判断し、よりよく問題を解決する資質や能力を育成するとともに、学び方やものの考え方を身に付け、問題の解決や探究活動に主体的、創造的、協同的に取り組む態度を育て、自己の生き方を考えることができるようにする。

第2　各学校において定める目標及び内容

1　目　標
　各学校においては、第1の目標を踏まえ、各学校の総合的な学習の時間の目標を定める。

2　内　容
　各学校においては、第1の目標を踏まえ、各学校の総合的な学習の時間の内容を定める。

第3　指導計画の作成と内容の取扱い

1　指導計画の作成に当たっては、次の事項に配慮するものとする。
　(1)　全体計画及び年間指導計画の作成に当たっては、学校における全教育活動との関連の下に、目標及び内容、育てようとする資質や能力及び態度、学習活動、指導方法や指導体制、学習の評価の計画などを示すこと。
　(2)　地域や学校、児童の実態等に応じて、教科等の枠を超えた横断的・総合的な学習、探究的な学習、児童の興味・関心等に基づく学習など創意工夫を生かした教育活動を行うこと。
　(3)　第2の各学校において定める目標及び内容については、日常生活や社会とのかかわりを重視すること。
　(4)　育てようとする資質や能力及び態度については、例えば、学習方法に関すること、自分自身に関すること、他者や社会とのかかわりに関することなどの視点を踏まえること。
　(5)　学習活動については、学校の実態に応じて、例えば国際理解、情報、環境、福祉・健康などの横断的・総合的な課題についての学習活動、児童の興味・関心に基づく課題についての学習活動、地域の人々の暮らし、伝統と文化など地域や学校の特色に応じた課題についての学習活動などを行うこと。

(6) 各教科、道徳、外国語活動及び特別活動で身に付けた知識や技能等を相互に関連付け、学習や生活において生かし、それらが総合的に働くようにすること。
(7) 各教科、道徳、外国語活動及び特別活動の目標及び内容との違いに留意しつつ、第1の目標並びに第2の各学校において定める目標及び内容を踏まえた適切な学習活動を行うこと。
(8) 各学校における総合的な学習の時間の名称については、各学校において適切に定めること。
(9) 第1章総則の第1の2及び第3章道徳の第1に示す道徳教育の目標に基づき、道徳の時間などとの関連を考慮しながら、第3章道徳の第2に示す内容について、総合的な学習の時間の特質に応じて適切な指導をすること。

第6章　特別活動（抄）

第1　目標

望ましい集団活動を通して、心身の調和のとれた発達と個性の伸長を図り、集団の一員としてよりよい生活や人間関係を築こうとする自主的、実践的な態度を育てるとともに、自己の生き方についての考えを深め、自己を生かす能力を養う。

第2　各活動・学校行事の目標及び内容

〔学級活動〕
1　目標

学級活動を通して、望ましい人間関係を形成し、集団の一員として学級や学校におけるよりよい生活づくりに参画し、諸問題を解決しようとする自主的、実践的な態度や健全な生活態度を育てる。

2　内容
〔第1学年及び第2学年〕

学級を単位として、仲良く助け合い学級生活を楽しくするとともに、日常の生活や学習に進んで取り組もうとする態度の育成に資する活動を行うこと。

〔第3学年及び第4学年〕
学級を単位として、協力し合って楽しい学級生活をつくるとともに、日常の生活や学習に意欲的に取り組もうとする態度の育成に資する活動を行うこと。

〔第5学年及び第6学年〕
学級を単位として、信頼し支え合って楽しく豊かな学級や学校の生活をつくるとともに、日常の生活や学習に自主的に取り組もうとする態度の向上に資する活動を行うこと。

〔共通事項〕
(1) 学級や学校の生活づくり
　ア　学級や学校における生活上の諸問題の解決
　イ　学級内の組織づくりや仕事の分担処理
　ウ　学校における多様な集団の生活の向上
(2) 日常の生活や学習への適応及び健康安全
　ア　希望や目標をもって生きる態度の形成
　イ　基本的な生活習慣の形成
　ウ　望ましい人間関係の形成
　エ　清掃などの当番活動等の役割と働くことの意義の理解
　オ　学校図書館の利用
　カ　心身ともに健康で安全な生活態度の形成
　キ　食育の観点を踏まえた学校給食と望ましい食習慣の形成

2　中学校

第1章　総　則（抄）

第1　教育課程編成の一般方針

1　各学校においては、教育基本法及び学校教育法その他の法令並びにこの章以下に示すところに従い、生徒の人間として調和のとれた育成を目指し、地域や学校の実態及び生徒の心身の発達の段階や特性等を十分考慮して、適切な教育課程を編成するものとし、これらに掲げる目標を達成するよう教育を行うものとする。

　学校の教育活動を進めるに当たっては、各学校において、生徒に生きる力をはぐくむことを目指し、創意工夫を生かした特色ある教育活動を展開する中で、基礎的・基本的な知識及び技能を確実に習得させ、これらを活用して課題を解決するために必要な思考力、判断力、表現力その他の能力をはぐくむとともに、主体的に学習に取り組む態度を養い、個性を生かす教育の充実に努めなければならない。その際、生徒の発達の段階を考慮して、生徒の言語活動を充実するとともに、家庭との連携を図りながら、生徒の学習習慣が確立するよう配慮しなければならない。

2　学校における道徳教育は、道徳の時間を要（かなめ）として学校の教育活動全体を通じて行うものであり、道徳の時間はもとより、各教科、総合的な学習の時間及び特別活動のそれぞれの特質に応じて、生徒の発達の段階を考慮して、適切な指導を行わなければならない。

　道徳教育は、教育基本法及び学校教育法に定められた教育の根本精神に基づき、人間尊重の精神と生命に対する畏（い）敬の念を家庭、学校、その他社会における具体的な生活の中に生かし、豊かな心をもち、伝統と文化を尊重し、それらをはぐくんできた我が国と郷土を愛し、個性豊かな文化の創造を図るとともに、公共の精神を尊び、民主的な社会及び国家の発展に努め、他国を尊重し、国際社会の平和と発展や環境の保全に貢献し未来を拓（ひら）

く主体性のある日本人を育成するため、その基盤としての道徳性を養うことを目標とする。

　道徳教育を進めるに当たっては、教師と生徒及び生徒相互の人間関係を深めるとともに、生徒が道徳的価値に基づいた人間としての生き方についての自覚を深め、家庭や地域社会との連携を図りながら、職場体験活動やボランティア活動、自然体験活動などの豊かな体験を通して生徒の内面に根ざした道徳性の育成が図られるよう配慮しなければならない。その際、特に生徒が自他の生命を尊重し、規律ある生活ができ、自分の将来を考え、法やきまりの意義の理解を深め、主体的に社会の形成に参画し、国際社会に生きる日本人としての自覚を身に付けるようにすることなどに配慮しなければならない。

第3章　道　　徳

第1　目　標

　道徳教育の目標は、第1章総則の第1の2に示すところにより、学校の教育活動全体を通じて、道徳的な心情、判断力、実践意欲と態度などの道徳性を養うこととする。

　道徳の時間においては、以上の道徳教育の目標に基づき、各教科、総合的な学習の時間及び特別活動における道徳教育と密接な関連を図りながら、計画的、発展的な指導によってこれを補充、深化、統合し、道徳的価値及びそれに基づいた人間としての生き方についての自覚を深め、道徳的実践力を育成するものとする。

第2　内　容

　道徳の時間を要(かなめ)として学校の教育活動全体を通じて行う道徳教育の内容は、次のとおりとする。
1　主として自分自身に関すること。
　(1)　望ましい生活習慣を身に付け、心身の健康の増進を図り、節度を守り

節制に心掛け調和のある生活をする。
(2) より高い目標を目指し、希望と勇気をもって着実にやり抜く強い意志をもつ。
(3) 自律の精神を重んじ、自主的に考え、誠実に実行してその結果に責任をもつ。
(4) 真理を愛し、真実を求め、理想の実現を目指して自己の人生を切り拓(ひら)いていく。
(5) 自己を見つめ、自己の向上を図るとともに、個性を伸ばして充実した生き方を追求する。
2 主として他の人とのかかわりに関すること。
(1) 礼儀の意義を理解し、時と場に応じた適切な言動をとる。
(2) 温かい人間愛の精神を深め、他の人々に対し思いやりの心をもつ。
(3) 友情の尊さを理解して心から信頼できる友達をもち、互いに励まし合い、高め合う。
(4) 男女は、互いに異性についての正しい理解を深め、相手の人格を尊重する。
(5) それぞれの個性や立場を尊重し、いろいろなものの見方や考え方があることを理解して、寛容の心をもち謙虚に他に学ぶ。
(6) 多くの人々の善意や支えにより、日々の生活や現在の自分があることに感謝し、それにこたえる。
3 主として自然や崇高なものとのかかわりに関すること。
(1) 生命の尊さを理解し、かけがえのない自他の生命を尊重する。
(2) 自然を愛護し、美しいものに感動する豊かな心をもち、人間の力を超えたものに対する畏敬(いけい)の念を深める。
(3) 人間には弱さや醜さを克服する強さや気高さがあることを信じて、人間として生きることに喜びを見いだすように努める。
4 主として集団や社会とのかかわりに関すること。
(1) 法やきまりの意義を理解し、遵守するとともに、自他の権利を重んじ

義務を確実に果たして、社会の秩序と規律を高めるように努める。
⑵　公徳心及び社会連帯の自覚を高め、よりよい社会の実現に努める。
⑶　正義を重んじ、だれに対しても公正、公平にし、差別や偏見のない社会の実現に努める。
⑷　自己が属する様々な集団の意義についての理解を深め、役割と責任を自覚し集団生活の向上に努める。
⑸　勤労の尊さや意義を理解し、奉仕の精神をもって、公共の福祉と社会の発展に努める。
⑹　父母、祖父母に敬愛の念を深め、家族の一員としての自覚をもって充実した家庭生活を築く。
⑺　学級や学校の一員としての自覚をもち、教師や学校の人々に敬愛の念を深め、協力してよりよい校風を樹立する。
⑻　地域社会の一員としての自覚をもって郷土を愛し、社会に尽くした先人や高齢者に尊敬と感謝の念を深め、郷土の発展に努める。
⑼　日本人としての自覚をもって国を愛し、国家の発展に努めるとともに、優れた伝統の継承と新しい文化の創造に貢献する。
⑽　世界の中の日本人としての自覚をもち、国際的視野に立って、世界の平和と人類の幸福に貢献する。

第3　指導計画の作成と内容の取扱い

1　各学校においては、校長の方針の下に、道徳教育の推進を主に担当する教師（以下「道徳教育推進教師」という。）を中心に、全教師が協力して道徳教育を展開するため、次に示すところにより、道徳教育の全体計画と道徳の時間の年間指導計画を作成するものとする。
　⑴　道徳教育の全体計画の作成に当たっては、学校における全教育活動との関連の下に、生徒、学校及び地域の実態を考慮して、学校の道徳教育の重点目標を設定するとともに、第2に示す道徳の内容との関連を踏まえた各教科、総合的な学習の時間及び特別活動における指導の内容及び

時期並びに家庭や地域社会との連携の方法を示す必要があること。
(2) 道徳の時間の年間指導計画の作成に当たっては、道徳教育の全体計画に基づき、各教科、総合的な学習の時間及び特別活動との関連を考慮しながら、計画的、発展的に授業がなされるよう工夫すること。ただし、第2に示す内容項目はいずれの学年においてもすべて取り上げること。
(3) 各学校においては、生徒の発達の段階や特性等を踏まえ、指導内容の重点化を図ること。特に、自他の生命を尊重し、規律ある生活ができ、自分の将来を考え、法やきまりの意義の理解を深め、主体的に社会の形成に参画し、国際社会に生きる日本人としての自覚を身に付けるようにすることなどに配慮し、生徒や学校の実態に応じた指導を行うよう工夫すること。また、悩みや葛藤(かっとう)等の思春期の心の揺れ、人間関係の理解等の課題を積極的に取り上げ、道徳的価値に基づいた人間としての生き方について考えを深められるよう配慮すること。

2 第2に示す道徳の内容は、生徒が自ら道徳性をはぐくむためのものであり、道徳の時間はもとより、各教科、総合的な学習の時間及び特別活動においてもそれぞれの特質に応じた適切な指導を行うものとする。その際、生徒自らが成長を実感でき、これからの課題や目標が見付けられるよう工夫する必要がある。

3 道徳の時間における指導に当たっては、次の事項に配慮するものとする。
(1) 学級担任の教師が行うことを原則とするが、校長や教頭などの参加、他の教師との協力的な指導などについて工夫し、道徳教育推進教師を中心とした指導体制を充実すること。
(2) 職場体験活動やボランティア活動、自然体験活動などの体験活動を生かすなど、生徒の発達の段階や特性等を考慮した創意工夫ある指導を行うこと。
(3) 先人の伝記、自然、伝統と文化、スポーツなどを題材とし、生徒が感動を覚えるような魅力的な教材の開発や活用を通して、生徒の発達の段

階や特性等を考慮した創意工夫ある指導を行うこと。
 (4) 自分の考えを基に、書いたり討論したりするなどの表現する機会を充実し、自分とは異なる考えに接する中で、自分の考えを深め、自らの成長を実感できるよう工夫すること。
 (5) 生徒の発達の段階や特性等を考慮し、第2に示す道徳の内容との関連を踏まえて、情報モラルに関する指導に留意すること。
4 道徳教育を進めるに当たっては、学校や学級内の人間関係や環境を整えるとともに、学校の道徳教育の指導内容が生徒の日常生活に生かされるようにする必要がある。また、道徳の時間の授業を公開したり、授業の実施や地域教材の開発や活用などに、保護者や地域の人々の積極的な参加や協力を得たりするなど、家庭や地域社会との共通理解を深め、相互の連携を図るよう配慮する必要がある。
5 生徒の道徳性については、常にその実態を把握して指導に生かすよう努める必要がある。ただし、道徳の時間に関して数値などによる評価は行わないものとする。

第4章　総合的な学習の時間（抄）

第1　目標

横断的・総合的な学習や探究的な学習を通して、自ら課題を見付け、自ら学び、自ら考え、主体的に判断し、よりよく問題を解決する資質や能力を育成するとともに、学び方やものの考え方を身に付け、問題の解決や探究活動に主体的、創造的、協同的に取り組む態度を育て、自己の生き方を考えることができるようにする。

第2　各学校において定める目標及び内容

1　目標

各学校においては、第1の目標を踏まえ、各学校の総合的な学習の時間の目標を定める。

2 内容

各学校においては、第1の目標を踏まえ、各学校の総合的な学習の時間の内容を定める。

第3 指導計画の作成と内容の取扱い

1 指導計画の作成に当たっては、次の事項に配慮するものとする。
  (1) 全体計画及び年間指導計画の作成に当たっては、学校における全教育活動との関連の下に、目標及び内容、育てようとする資質や能力及び態度、学習活動、指導方法や指導体制、学習の評価の計画などを示すこと。その際、小学校における総合的な学習の時間の取組を踏まえること。
  (2) 地域や学校、生徒の実態等に応じて、教科等の枠を超えた横断的・総合的な学習、探究的な学習、生徒の興味・関心等に基づく学習など創意工夫を生かした教育活動を行うこと。
  (3) 第2の各学校において定める目標及び内容については、日常生活や社会とのかかわりを重視すること。
  (4) 育てようとする資質や能力及び態度については、例えば、学習方法に関すること、自分自身に関すること、他者や社会とのかかわりに関することなどの視点を踏まえること。
  (5) 学習活動については、学校の実態に応じて、例えば国際理解、情報、環境、福祉・健康などの横断的・総合的な課題についての学習活動、生徒の興味・関心に基づく課題についての学習活動、地域や学校の特色に応じた課題についての学習活動、職業や自己の将来に関する学習活動などを行うこと。
  (6) 各教科、道徳及び特別活動で身に付けた知識や技能等を相互に関連付け、学習や生活において生かし、それらが総合的に働くようにすること。
  (7) 各教科、道徳及び特別活動の目標及び内容との違いに留意しつつ、第

1の目標並びに第2の各学校において定める目標及び内容を踏まえた適切な学習活動を行うこと。
(8) 各学校における総合的な学習の時間の名称については、各学校において適切に定めること。
(9) 第1章総則の第1の2及び第3章道徳の第1に示す道徳教育の目標に基づき、道徳の時間などとの関連を考慮しながら、第3章道徳の第2に示す内容について、総合的な学習の時間の特質に応じて適切な指導をすること。

第5章　特別活動（抄）

第1　目標

望ましい集団活動を通して、心身の調和のとれた発達と個性の伸長を図り、集団や社会の一員としてよりよい生活や人間関係を築こうとする自主的、実践的な態度を育てるとともに、人間としての生き方についての自覚を深め、自己を生かす能力を養う。

第2　各活動・学校行事の目標及び内容

〔学級活動〕
1　目標
　学級活動を通して、望ましい人間関係を形成し、集団の一員として学級や学校におけるよりよい生活づくりに参画し、諸問題を解決しようとする自主的、実践的な態度や健全な生活態度を育てる。
2　内容
　学級を単位として、学級や学校の生活の充実と向上、生徒が当面する諸課題への対応に資する活動を行うこと。
(1) 学級や学校の生活づくり
　ア　学級や学校における生活上の諸問題の解決
　イ　学級内の組織づくりや仕事の分担処理

ウ　学校における多様な集団の生活の向上
(2) 適応と成長及び健康安全
　ア　思春期の不安や悩みとその解決
　イ　自己及び他者の個性の理解と尊重
　ウ　社会の一員としての自覚と責任
　エ　男女相互の理解と協力
　オ　望ましい人間関係の確立
　カ　ボランティア活動の意義の理解と参加
　キ　心身ともに健康で安全な生活態度や習慣の形成
　ク　性的な発達への適応
　ケ　食育の観点を踏まえた学校給食と望ましい食習慣の形成
(3) 学業と進路
　ア　学ぶことと働くことの意義の理解
　イ　自主的な学習態度の形成と学校図書館の利用
　ウ　進路適性の吟味と進路情報の活用
　エ　望ましい勤労観・職業観の形成
　オ　主体的な進路の選択と将来設計

3　高等学校

第1章　総　則（抄）

第1款　教育課程編成の一般方針

1　各学校においては、教育基本法及び学校教育法その他の法令並びにこの章以下に示すところに従い、生徒の人間として調和のとれた育成を目指し、地域や学校の実態、課程や学科の特色、生徒の心身の発達の段階及び特性等を十分考慮して、適切な教育課程を編成するものとし、これらに掲げる目標を達成するよう教育を行うものとする。

学校の教育活動を進めるに当たっては、各学校において、生徒に生きる力をはぐくむことを目指し、創意工夫を生かした特色ある教育活動を展開する中で、基礎的・基本的な知識及び技能を確実に習得させ、これらを活用して課題を解決するために必要な思考力、判断力、表現力その他の能力をはぐくむとともに、主体的に学習に取り組む態度を養い、個性を生かす教育の充実に努めなければならない。その際、生徒の発達の段階を考慮して、生徒の言語活動を充実するとともに、家庭との連携を図りながら、生徒の学習習慣が確立するよう配慮しなければならない。

2　学校における道徳教育は、生徒が自己探求と自己実現に努め国家・社会の一員としての自覚に基づき行為しうる発達の段階にあることを考慮し人間としての在り方生き方に関する教育を学校の教育活動全体を通じて行うことにより、その充実を図るものとし、各教科に属する科目、総合的な学習の時間及び特別活動のそれぞれの特質に応じて、適切な指導を行わなければならない。

　道徳教育は、教育基本法及び学校教育法に定められた教育の根本精神に基づき、人間尊重の精神と生命に対する畏敬の念を家庭、学校、その他社会における具体的な生活の中に生かし、豊かな心をもち、伝統と文化を尊重し、それらをはぐくんできた我が国と郷土を愛し、個性豊かな文化の創造を図るとともに、公共の精神を尊び、民主的な社会及び国家の発展に努め、他国を尊重し、国際社会の平和と発展や環境の保全に貢献し未来を拓く主体性のある日本人を育成するため、その基盤としての道徳性を養うことを目標とする。

　道徳教育を進めるに当たっては、特に、道徳的実践力を高めるとともに、自他の生命を尊重する精神、自律の精神及び社会連帯の精神並びに義務を果たし責任を重んずる態度及び人権を尊重し差別のないよりよい社会を実現しようとする態度を養うための指導が適切に行われるよう配慮しなければならない。

第2章　各学科に共通する各教科

第3節　公　民

第1款　目　標

広い視野に立って、現代の社会について主体的に考察させ、理解を深めさせるとともに、人間としての在り方生き方についての自覚を育て、平和で民主的な国家・社会の有為な形成者として必要な公民としての資質を養う。

第2款　各科目

第1　現代社会

1　目　標

人間の尊重と科学的な探究の精神に基づいて、広い視野に立って、現代の社会と人間についての理解を深めさせ、現代社会の基本的な問題について主体的に考察し公正に判断するとともに自ら人間としての在り方生き方について考察する力の基礎を養い、良識ある公民として必要な能力と態度を育てる。

2　内　容

(1)　私たちの生きる社会

現代社会における諸課題を扱う中で、社会の在り方を考察する基盤として、幸福、正義、公正などについて理解させるとともに、現代社会に対する関心を高め、いかに生きるかを主体的に考察することの大切さを自覚させる。

(2)　現代社会と人間としての在り方生き方

現代社会について、倫理、社会、文化、政治、法、経済、国際社会など多様な角度から理解させるとともに、自己とのかかわりに着目して、現代社会に生きる人間としての在り方生き方について考察させる。

ア　青年期と自己の形成

生涯における青年期の意義を理解させ、自己実現と職業生活、社会参加、伝統や文化に触れながら自己形成の課題を考察させ、現代社会における青年の生き方について自覚を深めさせる。

イ　現代の民主政治と政治参加の意義

基本的人権の保障、国民主権、平和主義と我が国の安全について理解を深めさせ、天皇の地位と役割、議会制民主主義と権力分立など日本国憲法に定める政治の在り方について国民生活とのかかわりから認識を深めさせるとともに、民主政治における個人と国家について考察させ、政治参加の重要性と民主社会において自ら生きる倫理について自覚を深めさせる。

ウ　個人の尊重と法の支配

個人の尊重を基礎として、国民の権利の保障、法の支配と法や規範の意義及び役割、司法制度の在り方について日本国憲法と関連させながら理解を深めさせるとともに、生命の尊重、自由・権利と責任・義務、人間の尊厳と平等などについて考察させ、他者と共に生きる倫理について自覚を深めさせる。

エ　現代の経済社会と経済活動の在り方

現代の経済社会の変容などに触れながら、市場経済の機能と限界、政府の役割と財政・租税、金融について理解を深めさせ、経済成長や景気変動と国民福祉の向上の関連について考察させる。また、雇用、労働問題、社会保障について理解を深めさせるとともに、個人や企業の経済活動における役割と責任について考察させる。

オ　国際社会の動向と日本の果たすべき役割

グローバル化が進展する国際社会における政治や経済の動向に触れながら、人権、国家主権、領土に関する国際法の意義、人種・民族問題、核兵器と軍縮問題、我が国の安全保障と防衛及び国際貢献、経済における相互依存関係の深まり、地域的経済統合、南北問題など国際社会における貧困や格差について理解させ、国際平和、国際協力や国

際協調を推進する上での国際的な組織の役割について認識させるとともに、国際社会における日本の果たすべき役割及び日本人の生き方について考察させる。

(3) 共に生きる社会を目指して

持続可能な社会の形成に参画するという観点から課題を探究する活動を通して、現代社会に対する理解を深めさせるとともに、現代に生きる人間としての在り方生き方について考察を深めさせる。

3 内容の取扱い

(1) 内容の全体にわたって、次の事項に配慮するものとする。

ア 中学校社会科及び道徳並びに公民科に属する他の科目、地理歴史科、家庭科、情報科及び特別活動などとの関連を図るとともに、項目相互の関連に留意しながら、全体としてのまとまりを工夫し、特定の事項だけに偏らないようにすること。

イ 社会的事象は相互に関連し合っていることに留意し、社会的事象に対する関心をもって多様な角度から考察させるとともに、できるだけ総合的にとらえることができるようにすること。また、生徒が自己の生き方にかかわって主体的に考察できるよう学習指導の展開を工夫すること。

ウ 1の目標に即して基本的な事項・事柄を精選して指導内容を構成すること。

エ 的確な資料に基づいて、社会的事象に対する客観的かつ公正なものの見方や考え方を育成するとともに、学び方の習得を図ること。その際、統計などの資料の見方やその意味、情報の検索や処理の仕方、簡単な社会調査の方法などについて指導するよう留意すること。また、学習の過程で考察したことや学習の成果を適切に表現させるよう留意すること。

(2) 内容の取扱いに当たっては、次の事項に配慮するものとする。

ア 内容の(1)については、次の事項に留意すること。

(ｱ)　内容の(1)は、この科目の導入として位置付けること。
　(ｲ)　「現代社会における諸課題」としては、生命、情報、環境などを扱うこと。
イ　内容の(2)については、次の事項に留意すること。
　(ｱ)　項目ごとに課題を設定し、内容の(1)で取り上げた幸福、正義、公正などを用いて考察させること。
　(ｲ)　アの「生涯における青年期の意義」と「自己形成の課題」については、生涯にわたる学習の意義についても考察させること。また、男女が共同して社会に参画することの重要性にも触れること。
　(ｳ)　イについては、地方自治に触れながら政治と生活との関連について認識を深めさせること。「政治参加の重要性」については、世論の形成の意義についても理解させること。また、「民主社会において自ら生きる倫理」については、個人と社会との関係に着目して考察させること。
　(ｴ)　ウについては、法に関する基本的な見方や考え方を身に付けさせるとともに裁判員制度についても扱うこと。
　(ｵ)　エの「市場経済の機能と限界」については、経済活動を支える私法に関する基本的な考え方についても触れること。「金融」については、金融制度や資金の流れの変化などにも触れること。また、「個人や企業の経済活動における役割と責任」については、公害の防止と環境保全、消費者に関する問題などについても触れること。
　(ｶ)　オの「人種・民族問題」については、文化や宗教の多様性についても触れ、それぞれの固有の文化などを尊重する寛容の態度を養うこと。
ウ　内容の(3)については、この科目のまとめとして位置付け、内容の(1)及び(2)で学習した成果を活用させること。地域や学校、生徒の実態等に応じて課題を設定し、個人と社会の関係、社会と社会の関係、現役世代と将来世代の関係のいずれかに着目させること。

第2 倫　　理

1 目　　標

人間尊重の精神と生命に対する畏敬の念に基づいて、青年期における自己形成と人間としての在り方生き方について理解と思索を深めさせるとともに、人格の形成に努める実践的意欲を高め、他者と共に生きる主体としての自己の確立を促し、良識ある公民として必要な能力と態度を育てる。

2 内　　容

(1) 現代に生きる自己の課題

自らの体験や悩みを振り返ることを通して、青年期の意義と課題を理解させ、豊かな自己形成に向けて、他者と共に生きる自己の生き方について考えさせるとともに、自己の生き方が現代の倫理的課題と結び付いていることをとらえさせる。

(2) 人間としての在り方生き方

自己の生きる課題とのかかわりにおいて、先哲の基本的な考え方を手掛かりとして、人間の存在や価値について思索を深めさせる。

ア　人間としての自覚

人生における哲学、宗教、芸術のもつ意義などについて理解させ、人間の存在や価値にかかわる基本的な課題について思索させることを通して、人間としての在り方生き方について考えを深めさせる。

イ　国際社会に生きる日本人としての自覚

日本人にみられる人間観、自然観、宗教観などの特質について、我が国の風土や伝統、外来思想の受容に触れながら、自己とのかかわりにおいて理解させ、国際社会に生きる主体性のある日本人としての在り方生き方について自覚を深めさせる。

(3) 現代と倫理

現代に生きる人間の倫理的課題について思索を深めさせ、自己の生き方の確立を促すとともに、よりよい国家・社会を形成し、国際社会に主

体的に貢献しようとする人間としての在り方生き方について自覚を深めさせる。

　　ア　現代に生きる人間の倫理

　　　　人間の尊厳と生命への畏敬、自然や科学技術と人間とのかかわり、民主社会における人間の在り方、社会参加と奉仕、自己実現と幸福などについて、倫理的な見方や考え方を身に付けさせ、他者と共に生きる自己の生き方にかかわる課題として考えを深めさせる。

　　イ　現代の諸課題と倫理

　　　　生命、環境、家族、地域社会、情報社会、文化と宗教、国際平和と人類の福祉などにおける倫理的課題を自己の課題とつなげて探究する活動を通して、論理的思考力や表現力を身に付けさせるとともに、現代に生きる人間としての在り方生き方について自覚を深めさせる。

3　内容の取扱い

(1)　内容の全体にわたって、次の事項に配慮するものとする。

　　ア　中学校社会科及び道徳並びに公民科に属する他の科目、地理歴史科、家庭科、情報科及び特別活動などとの関連を図るとともに、全体としてのまとまりを工夫し、特定の事項だけに偏らないようにすること。

　　イ　先哲の基本的な考え方を取り上げるに当たっては、内容と関連が深く生徒の発達や学習段階に適した代表的な先哲の言説等を精選すること。また、生徒自らが人生観、世界観を確立するための手掛かりを得させるよう様々な工夫を行うこと。

(2)　内容の取扱いに当たっては、次の事項に配慮するものとする。

　　ア　内容の(1)については、この科目の導入として位置付け、生徒自身の課題を他者、集団や社会、生命や自然などとのかかわりを視点として考えさせ、以後の学習への意欲を喚起すること。

　　イ　内容の(2)については、次の事項に留意すること。

　　　(ｱ)　アについては、ギリシアの思想、キリスト教、イスラム教、仏

教、儒教などの基本的な考え方を代表する先哲の思想、芸術家とその作品を、倫理的な観点を明確にして取り上げるなど工夫すること。
　(イ)　イについては、古来の日本人の考え方や代表的な日本の先哲の思想を手掛かりにして、自己の課題として学習させること。
　ウ　内容の(3)については、次の事項に留意すること。
　(ア)　アについては、倫理的な見方や考え方を身に付けさせ、自己の課題として考えを深めていく主体的な学習への意欲を喚起すること。
　(イ)　イについては、アの学習を基礎として、学校や生徒の実態等に応じて課題を選択し、主体的に探究する学習を行うよう工夫すること。その際、イに示された倫理的課題が相互に関連していることを踏まえて、学習が効果的に展開するよう留意するとともに、論述したり討論したりするなどの活動を通して、自己の確立を促すよう留意すること。

第3　政治・経済

1　目標

　広い視野に立って、民主主義の本質に関する理解を深めさせ、現代における政治、経済、国際関係などについて客観的に理解させるとともに、それらに関する諸課題について主体的に考察させ、公正な判断力を養い、良識ある公民として必要な能力と態度を育てる。

2　内容

(1)　現代の政治

　現代の日本の政治及び国際政治の動向について関心を高め、基本的人権と議会制民主主義を尊重し擁護することの意義を理解させるとともに、民主政治の本質について把握させ、政治についての基本的な見方や考え方を身に付けさせる。
　ア　民主政治の基本原理と日本国憲法

(略)
イ 現代の国際政治
(略)
(2) 現代の経済

現代の日本経済及び世界経済の動向について関心を高め、日本経済のグローバル化をはじめとする経済生活の変化、現代経済の仕組みや機能について理解させるとともに、その特質を把握させ、経済についての基本的な見方や考え方を身に付けさせる。

ア 現代経済の仕組みと特質
(略)
イ 国民経済と国際経済
(略)
(3) 現代社会の諸課題

政治や経済などに関する基本的な理解を踏まえ、持続可能な社会の形成が求められる現代社会の諸課題を探究する活動を通して、望ましい解決の在り方について考察を深めさせる。

ア 現代日本の政治や経済の諸課題
(略)
イ 国際社会の政治や経済の諸課題
(略)
3 内容の取扱い
(略)

第3款 各科目にわたる内容の取扱い

1 各科目の指導に当たっては、次の事項に配慮するものとする。
(1) 情報を主体的に活用する学習活動を重視するとともに、作業的、体験的な学習を取り入れるよう配慮すること。そのため、各種の統計、年鑑、白書、新聞、読み物、地図その他の資料を収集、選択し、それらを

読み取り解釈すること、観察、見学及び調査・研究したことを発表したり報告書にまとめたりすることなど様々な学習活動を取り入れること。
(2) 資料の収集、処理や発表などに当たっては、コンピュータや情報通信ネットワークなどを積極的に活用するとともに、生徒が主体的に情報手段を活用できるようにすること。その際、情報モラルの指導にも留意すること。
2 内容の指導に当たっては、教育基本法第14条及び第15条の規定に基づき、適切に行うよう特に慎重に配慮して、政治及び宗教に関する教育を行うものとする。

第4章　総合的な学習の時間（抄）

第1　目　標

横断的・総合的な学習や探究的な学習を通して、自ら課題を見付け、自ら学び、自ら考え、主体的に判断し、よりよく問題を解決する資質や能力を育成するとともに、学び方やものの考え方を身に付け、問題の解決や探究活動に主体的、創造的、協同的に取り組む態度を育て、自己の在り方生き方を考えることができるようにする。

第2　各学校において定める目標及び内容

1　目　標

各学校においては、第1の目標を踏まえ、各学校の総合的な学習の時間の目標を定める。

2　内　容

各学校においては、第1の目標を踏まえ、各学校の総合的な学習の時間の内容を定める。

第3　指導計画の作成と内容の取扱い

1 指導計画の作成に当たっては、次の事項に配慮するものとする。

(1) 全体計画及び年間指導計画の作成に当たっては、学校における全教育活動との関連の下に、目標及び内容、育てようとする資質や能力及び態度、学習活動、指導方法や指導体制、学習の評価の計画などを示すこと。
(2) 地域や学校、生徒の実態等に応じて、教科等の枠を超えた横断的・総合的な学習、探究的な学習、生徒の興味・関心等に基づく学習など創意工夫を生かした教育活動を行うこと。
(3) 第2の各学校において定める目標及び内容については、日常生活や社会とのかかわりを重視すること。
(4) 育てようとする資質や能力及び態度については、例えば、学習方法に関すること、自分自身に関すること、他者や社会とのかかわりに関することなどの視点を踏まえること。
(5) 学習活動については、地域や学校の特色、生徒の特性に応じて、例えば国際理解、情報、環境、福祉・健康などの横断的・総合的な課題についての学習活動、生徒が興味・関心、進路等に応じて設定した課題について知識や技能の深化、総合化を図る学習活動、自己の在り方生き方や進路について考察する学習活動などを行うこと。
(6) 各教科・科目及び特別活動で身に付けた知識や技能等を相互に関連付け、学習や生活において生かし、それらが総合的に働くようにすること。
(7) 各教科・科目及び特別活動の目標及び内容との違いに留意しつつ、第1の目標並びに第2の各学校において定める目標及び内容を踏まえた適切な学習活動を行うこと。
(8) 各学校における総合的な学習の時間の名称については、各学校において適切に定めること。
(9) 総合学科においては、総合的な学習の時間の学習活動として、原則として生徒が興味・関心、進路等に応じて設定した課題について知識や技能の深化、総合化を図る学習活動を含むこと。

第5章　特別活動（抄）

第1　目標

望ましい集団活動を通して、心身の調和のとれた発達と個性の伸長を図り、集団や社会の一員としてよりよい生活や人間関係を築こうとする自主的、実践的な態度を育てるとともに、人間としての在り方生き方についての自覚を深め、自己を生かす能力を養う。

第2　各活動・学校行事の目標及び内容

〔ホームルーム活動〕

1　目標

ホームルーム活動を通して、望ましい人間関係を形成し、集団の一員としてホームルームや学校におけるよりよい生活づくりに参画し、諸問題を解決しようとする自主的、実践的な態度や健全な生活態度を育てる。

2　内容

学校における生徒の基礎的な生活集団として編成したホームルームを単位として、ホームルームや学校の生活の充実と向上、生徒が当面する諸課題への対応に資する活動を行うこと。

(1)　ホームルームや学校の生活づくり
　　ア　ホームルームや学校における生活上の諸問題の解決
　　イ　ホームルーム内の組織づくりと自主的な活動
　　ウ　学校における多様な集団の生活の向上

(2)　適応と成長及び健康安全
　　ア　青年期の悩みや課題とその解決
　　イ　自己及び他者の個性の理解と尊重
　　ウ　社会生活における役割の自覚と自己責任
　　エ　男女相互の理解と協力
　　オ　コミュニケーション能力の育成と人間関係の確立

カ　ボランティア活動の意義の理解と参画
　　キ　国際理解と国際交流
　　ク　心身の健康と健全な生活態度や規律ある習慣の確立
　　ケ　生命の尊重と安全な生活態度や規律ある習慣の確立
(3)　学業と進路
　　ア　学ぶことと働くことの意義の理解
　　イ　主体的な学習態度の確立と学校図書館の利用
　　ウ　教科・科目の適切な選択
　　エ　進路適性の理解と進路情報の活用
　　オ　望ましい勤労観・職業観の確立
　　カ　主体的な進路の選択決定と将来設計

資料 3　「道徳の内容」の学年段階・学校段階の一覧表

（『小（中）学校学習指導要領解説　道徳編』「付録5」　文部科学省、平成20年）

小学校第1学年及び第2学年	小学校第3学年及び第4学年
1　主として自分自身に関すること	
(1)　健康や安全に気を付け、物や金銭を大切にし、身の回りを整え、わがままをしないで、規則正しい生活をする。	(1)　自分でできることは自分でやり、よく考えて行動し、節度のある生活をする。
(2)　自分がやらなければならない勉強や仕事は、しっかりと行う。	(2)　自分でやろうと決めたことは、粘り強くやり遂げる。
(3)　よいことと悪いことの区別をし、よいと思うことを進んで行う。	(3)　正しいと判断したことは、勇気をもって行う。
(4)　うそをついたりごまかしをしたりしないで、素直に伸び伸びと生活する。	(4)　過ちは素直に改め、正直に明るい心で元気よく生活する。
	(5)　自分の特徴に気付き、よい所を伸ばす。
2　主として他の人とのかかわりに関すること	
(1)　気持ちのよいあいさつ、言葉遣い、動作などに心掛けて、明るく接する。	(1)　礼儀の大切さを知り、だれに対しても真心をもって接する。
(2)　幼い人や高齢者など身近にいる人に温かい心で接し、親切にする。	(2)　相手のことを思いやり、進んで親切にする。
(3)　友達と仲よくし、助け合う。	(3)　友達と互いに理解し、信頼し、助け合う。
(4)　日ごろ世話になっている人々に感謝する。	(4)　生活を支えている人々や高齢者に、尊敬と感謝の気持ちをもって接する。
3　主として自然や崇高なものとのかかわりに関すること	
(1)　生きることを喜び、生命を大切にする心をもつ。	(1)　生命の尊さを感じ取り、生命あるものを大切にする。
(2)　身近な自然に親しみ、動植物に優しい心で接する。	(2)　自然のすばらしさや不思議さに感動し、自然や動植物を大切にする。
(3)　美しいものに触れ、すがすがしい心をもつ。	(3)　美しいものや気高いものに感動する心をもつ。
4　主として集団や社会とのかかわりに関すること	
(1)　約束やきまりを守り、みんなが使うものを大切にする。	(1)　約束や社会のきまりを守り、公徳心をもつ。
(2)　働くことのよさを感じて、みんなのために働く。	(2)　働くことの大切さを知り、進んでみんなのために働く。
(3)　父母、祖父母を敬愛し、進んで家の手伝いなどをして、家族の役に立つ喜びを知る。	(3)　父母、祖父母を敬愛し、家族みんなで協力し合って楽しい家庭をつくる。
(4)　先生を敬愛し、学校の人々に親しんで、学級や学校の生活を楽しくする。	(4)　先生や学校の人々を敬愛し、みんなで協力し合って楽しい学級をつくる。
(5)　郷土の文化や生活に親しみ、愛着をもつ。	(5)　郷土の伝統と文化を大切にし、郷土を愛する心をもつ。
	(6)　我が国の伝統と文化に親しみ、国を愛する心をもつとともに、外国の人々や文化に関心をもつ。

小学校第5学年及び第6学年	中学校
(1) 生活習慣の大切さを知り、自分の生活を見直し、節度を守り節制に心掛ける。	(1) 望ましい生活習慣を身に付け、心身の健康の増進を図り、節度を守り節制に心掛け調和のある生活をする。
(2) より高い目標を立て、希望と勇気をもってくじけないで努力する。	(2) より高い目標を目指し、希望と勇気をもって着実にやり抜く強い意志をもつ。
(3) 自由を大切にし、自律的で責任のある行動をする。	(3) 自律の精神を重んじ、自主的に考え、誠実に実行してその結果に責任をもつ。
(4) 誠実に、明るい心で楽しく生活する。	
(5) 真理を大切にし、進んで新しいものを求め、工夫して生活をよりよくする。	(4) 真理を愛し、真実を求め、理想の実現を目指して自己の人生を切り拓いていく。
(6) 自分の特徴を知って、悪い所を改めよい所を積極的に伸ばす。	(5) 自己を見つめ、自己の向上を図るとともに、個性を伸ばして充実した生き方を追求する。
(1) 時と場をわきまえて、礼儀正しく真心をもって接する。	(1) 礼儀の意義を理解し、時と場に応じた適切な言動をとる。
(2) だれに対しても思いやりの心をもち、相手の立場に立って親切にする。	(2) 温かい人間愛の精神を深め、他の人々に対し思いやりの心をもつ。
(3) 互いに信頼し、学び合って友情を深め、男女仲よく協力し助け合う。	(3) 友情の尊さを理解して心から信頼できる友達をもち、互いに励まし合い、高め合う。
	(4) 男女は、互いに異性についての正しい理解を深め、相手の人格を尊重する。
(4) 謙虚な心をもち、広い心で自分と異なる意見や立場を大切にする。	(5) それぞれの個性や立場を尊重し、いろいろなものの見方や考え方があることを理解して、寛容の心をもち謙虚に他に学ぶ。
(5) 日々の生活が人々の支え合いや助け合いで成り立っていることに感謝し、それにこたえる。	(6) 多くの人々の善意や支えにより、日々の生活や現在の自分があることに感謝し、それにこたえる。
(1) 生命がかけがえのないものであることを知り、自他の生命を尊重する。	(1) 生命の尊さを理解し、かけがえのない自他の生命を尊重する。
(2) 自然の偉大さを知り、自然環境を大切にする。	(2) 自然を愛護し、美しいものに感動する豊かな心をもち、人間の力を超えたものに対する畏敬の念を深める。
(3) 美しいものに感動する心や人間の力を超えたものに対する畏敬の念をもつ。	
	(3) 人間には弱さや醜さを克服する強さや気高さがあることを信じて、人間として生きることに喜びを見いだすように努める。
(1) 公徳心をもって法やきまりを守り、自他の権利を大切にし進んで義務を果たす。	(1) 法やきまりの意義を理解し、遵守するとともに、自他の権利を重んじ義務を確実に果たして、社会の秩序と規律を高めるように努める。
	(2) 公徳心及び社会連帯の自覚を高め、よりよい社会の実現に努める。
(2) だれに対しても差別をすることや偏見をもつことなく公正、公平にし、正義の実現に努める。	(3) 正義を重んじ、だれに対しても公正、公平にし、差別や偏見のない社会の実現に努める。
(3) 身近な集団に進んで参加し、自分の役割を自覚し、協力して主体的に責任を果たす。	(4) 自己が属する様々な集団の意義についての理解を深め、役割と責任を自覚し集団生活の向上に努める。
(4) 働くことの意義を理解し、社会に奉仕する喜びを知って公共のために役に立つことをする。	(5) 勤労の尊さや意義を理解し、奉仕の精神をもって、公共の福祉と社会の発展に努める。
(5) 父母、祖父母を敬愛し、家族の幸せを求めて、進んで役に立つことをする。	(6) 父母、祖父母に敬愛の念を深め、家族の一員としての自覚をもって充実した家庭生活を築く。
(6) 先生や学校の人々への敬愛を深め、みんなで協力し合いよりよい校風をつくる。	(7) 学級や学校の一員としての自覚をもち、教師や学校の人々に敬愛の念を深め、協力してよりよい校風を樹立する。
(7) 郷土や我が国の伝統と文化を大切にし、先人の努力を知り、郷土や国を愛する心をもつ。	(8) 地域社会の一員としての自覚をもって郷土を愛し、社会に尽くした先人や高齢者に尊敬と感謝の念を深め、郷土の発展に努める。
	(9) 日本人としての自覚をもって国を愛し、国家の発展に努めるとともに、優れた伝統の継承と新しい文化の創造に貢献する。
(8) 外国の人々や文化を大切にする心をもち、日本人としての自覚をもって世界の人々と親善に努める。	(10) 世界の中の日本人としての自覚をもち、国際的視野に立って、世界の平和と人類の幸福に貢献する。

資料4 小・中学校における道徳教育の指導計画の例

1 道徳教育の全体計画

〈例1〉神奈川県○小学校の全体計画

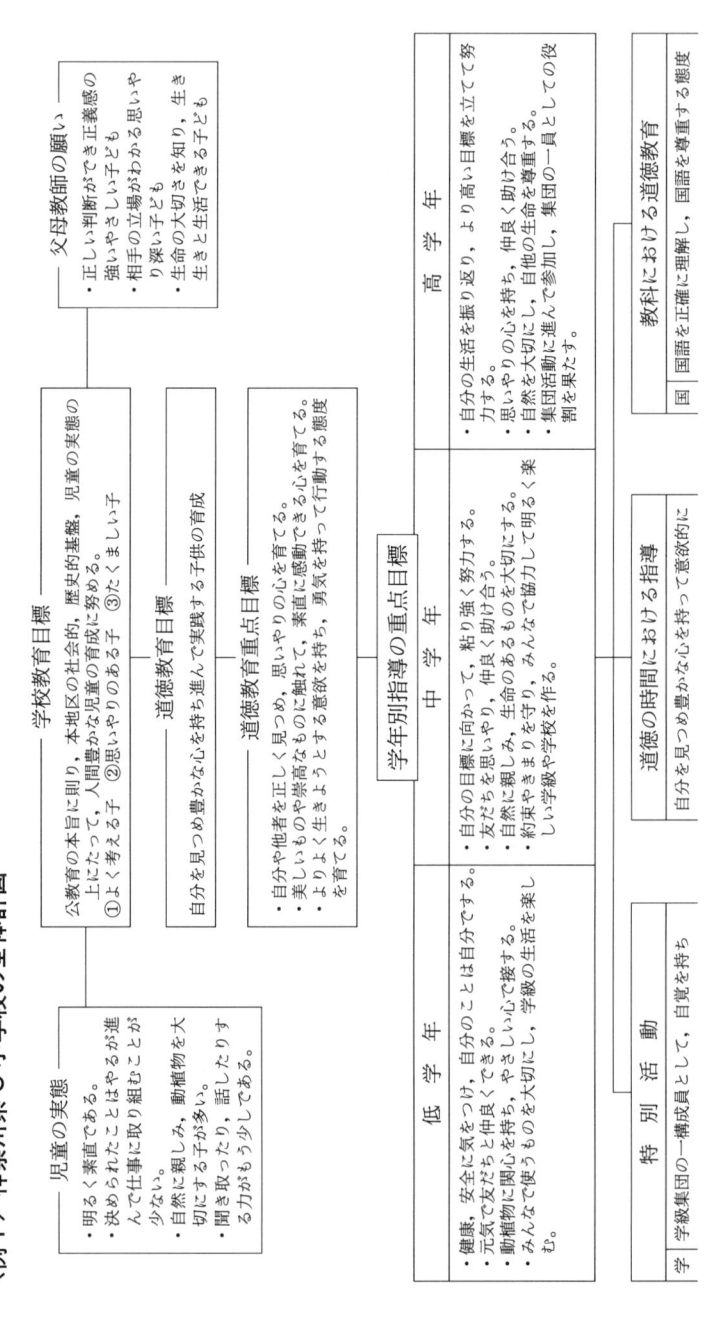

父母教師の願い
- 正しい判断ができ正義感の強いやさしい子ども
- 相手の立場がわかる思いやり深い子ども
- 生命の大切さを知り、生き生きと生活できる子ども

児童の実態
- 明るく素直である。
- 決められたことはやるが進んで仕事に取り組むことが少ない。
- 自然に親しみ、動植物を大切にする子が多い。
- 聞き取ったり、話したりする力がもう少しである。

学校教育目標
公教育の本旨に則り、本地区の社会的、歴史的基盤、児童の実態の上に立って、人間豊かな児童の育成に努める。
①よく考える子 ②思いやりのある子 ③たくましい子

道徳教育目標
自分を見つめ豊かな心を持って実践する子供の育成

道徳教育重点目標
- 自分や他者を正しく見つめ、思いやりの心を育てる。
- 美しいものや崇高なものに触れて、素直に感動できる心を育てる。
- よりよく生きようとする意欲を持ち、勇気を持って行動する態度を育てる。

学年別指導の重点目標

低学年
- 健康、安全に気をつけ、自分のことは自分でする。
- 元気で友だちと仲良くできる。
- 動植物に関心を持ち、やさしく接する。
- みんなで使うものを大切にし、学級の生活を楽しむ。

中学年
- 自分の目標に向かって、粘り強く努力する。
- 友だちと思いやり、仲良く助け合う。
- 自然に親しみ、生命のあるものを大切にする。
- 約束をまもりを守り、みんなで協力して明るく楽しい学級や学校を作る。

高学年
- 自分の生活を振り返り、より高い目標を立てて努力する。
- 思いやりの心を持ち、仲良く助け合う。
- 自然を大切にし、自他の生命を尊重する。
- 集団活動に進んで参加し、集団の一員としての役割を果たす。

道徳の時間における指導
自分を見つめ豊かな心を持って意欲的に

特別活動
学 学級集団の一構成員として、自覚を持ち

教科における道徳教育
国 国語を正確に理解し、国語を尊重する態度

道徳の実践活動

学校の道徳指導（学級経営）

- 道徳的指導計画に基づく指導の充実。
- 道徳的心情を豊かにする。
- 道徳的態度の意欲の向上を高める。

認め合い、助け合う人間関係づくり
- 自ら学ぶ喜びを育てる授業
- 個を生かす手だての工夫
- 活力を高める授業課程
- 学習環境・教育環境整備

各教科等

国語	活動できる子どもを育てるねらいから、道徳的価値を発達段階に関して内面的に目覚めさせ、主体的な道徳的実践力を高めさせる。
社会	社会生活についての理解を図り、公民的資質を養う。
算数	日常の事象について、筋道を立てて考える能力を育てる。
理科	自然に親しみ、自然を愛する豊かな心情を育てる。
生活	身近な社会や自然とのかかわりの中で、自立への基礎を養う。
音楽	音楽を愛好する心情を育て、豊かな情操を養う。
図工	表現する喜びを味わわせ、豊かな情操を養う。
家庭	家族生活についての理解を深め、家庭生活をよりよくしようとする態度の一員としての態度を養う。
体育	健康の増進を図り、楽しい生活を営む態度を養う。

学校環境の整備

子どもの道徳性を芽生えさせ、育んでいくための環境づくりを図る。
- 清掃活動
- 遊具の使い方等

家族との連携
- 学年だより、学級だより
- 授業参観、懇談会
- 家庭訪問、個々面接
- PTA広報
- PTA各種委員会

地域社会との連携
- 子ども会・学警連
- 交通指導員
- 公民館
- 老人会（運動会への招待、手紙）
- 田植え、いねかり
- あいさつ

学級活動
責任を果たし、学級生活の充実と向上を図る態度を養う。

児童会活動
異なる学年や学級の子どもが協力し合うことで、学校生活を豊かにする態度を養う。

クラブ活動
クラブ員が互いに認め合いながら、協力して活動する態度を養う。

学校行事
学校生活に秩序と変化を与え、集団への所属感を深める。学校生活の充実と発展に資する体験的活動を通して、自主的態度、責任・協力・心身の心を養う。

総合的な学習の時間
- 自ら学び、自ら考え、主体的に判断し、よりよく問題を解決する資質や能力を育てる。
- 学び方やものの考え方を身に付け、問題解決に主体的に取り組む態度を育て、自己の生き方を考えることができるようにする。

生活指導
- 相手の立場に立った思いやりの気持ちを持てる子
- 基本的生活習慣を身につける子
- 健康・安全に関心・理解が持てる子
- きまりの徹底
- 生活目標の徹底

〈例2〉 神奈川県H小学校の全体計画
(相模原市立淵野辺東小学校研究紀要『思いやりの心や助け合う心を育む教育』1999, p.6〜7)

関連法規等
- 日本国憲法
- 教育基本法
- 学校教育法
- 学習指導要領
- 県、市の教育目標

社会的要請
- 社会や時代の要請
  - 「生きる力」の育成
  - 「心の教育」の充実
  - 開かれた学校づくり
- 学校の実態
  - 「花と緑と歌声」を学校づくりの指標としている。
  - 急速に開発が進み入学児童数は増加傾向にある。
  - 保護者の大半はサラリーマンで核家族化が進みつつある。
- 地域の実態
  - かつては落ち着いた農村地帯であったが近年、宅地化が進み、校区の様子は大きく変化している。
  - 人口の増加と共に人間関係が希薄になり、地域の連帯性に欠ける面がある。
  - 生活様式の変化と併せて児童の人間形成に少なからず影響を与えている。
  - 学校に対する理解と関心は高く、協力と援助を惜しまない。
- 教師、保護者の願い
  - 児童のよさや可能性の伸張
  - 知、徳、体の調和のとれた児童の育成
- 児童の実態
  - 明るく素直、活動的。
  - 依存傾向が強い。
  - 自己中心的でルールの認識がやや甘い。

学校教育目標

豊かな人間性と自ら学び考え判断して行動できる児童の育成

〈めざす子ども像〉
- 徳 豊かな心 あたたかい心で助け合うよう考え判断にみられるたくましい活力行動できる子
- 体 たくましい体 たくましい活力行動にみられる子
- 知 考える子 深く物事を考え判断できる子

道徳教育重点目標
① 自ら考えて判断し、主体的によりよく生きるようにする。
② 誰に対しても思いやりの心を持ち、助け合いの心を大切にする。
③ 生命の尊さを知りかけがえのないものとして自他を大切にする。
④ 集団や社会の一員として、責任を果たそうとする。

研究主題

[思いやりの心や助け合う心を育む教育]
〜総合単元的道徳教育を通して〜

学年別重点目標

低	中	高
友達と仲良く助け合う。きまりを守り、自分のことは自分でできる。	相手の立場を思いやり進んで助け合う。自分の考えで正しく考え、ねばり強く最後までやりぬく。	相手の立場や気持ちを尊重し協力し助け合う。深く考えて責任ある行動がとれる。

総合単元的道徳教育

研究主題に根ざした道徳教育を育てるために、体験・実践活動を道徳教育と関連させながら、児童が主体的に取り組める活動を設定し、指導の在り方を工夫する。
1. 心と環境(花と緑の活動)
2. 心と心(みんなで創りあげる喜び)
3. 心と健康(よりよい自分をめざして)

基本的な考え方
内面に根ざした道徳教育を育てるために、体験・実践活動を道徳教育と関連させながら、児童が主体的に取り組める活動を設定し、指導の在り方を工夫する。
①主として自分自身のことに関する内容
②主として他の人とのかかわりに関する内容
③主として自然や崇高なものとのかかわりに関する内容
④主として集団や社会とのかかわりに関する内容

資料編　161

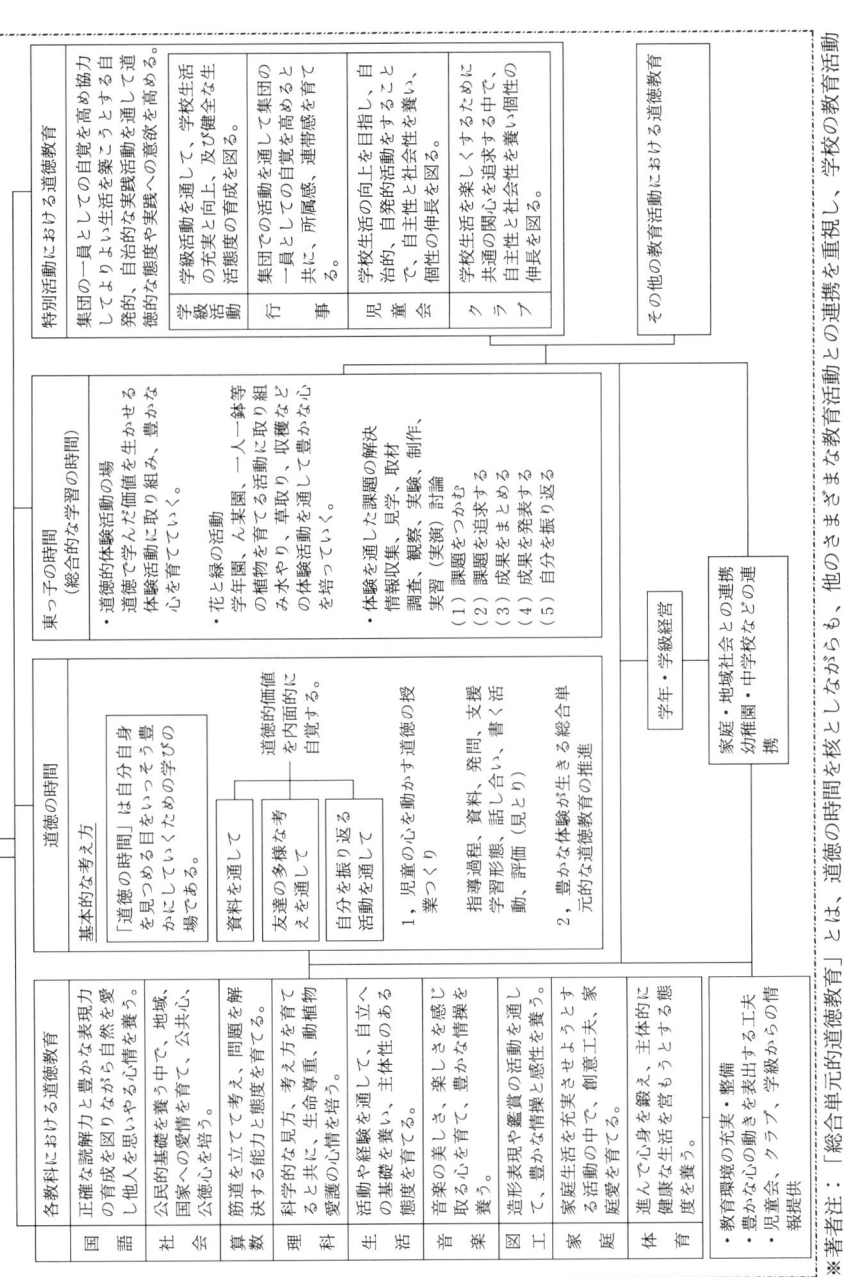

特別活動における道徳教育

集団の一員としての自覚を高め協力してよりよい生活を築こうとする自発的、自治的な実践活動を通して道徳的な態度や実践の意欲を高める。

- **学級活動**：学級活動を通して、学校生活の充実及び健全な生活活動度の育成を図る。
- **行事**：集団の一員としての自覚を高めると共に、所属感、連帯感を育てる。
- **児童会**：学校生活の向上を目指し、自治的、自発的活動をすることで、自主性と社会性を養い、個性の伸長を図る。
- **クラブ**：共通の関心を追求する中で、自主性と社会性を養い個性の伸長を図る。

その他の教育活動における道徳教育

東っ子の時間（総合的な学習の時間）

- 道徳的体験で学んだ価値を生かせる体験的活動の場で取り組み、豊かな心にしていく。
- 花と緑の活動、人参園、一人一鉢等学年園の植物を育てる活動に取り組み、水やり、草取り、収穫などの体験活動を通して豊かな心を育てていく。
- 体験を通した課題の解決　情報収集、見学、取材、調査、観察、実験、制作、実習（実演）討論
  (1) 課題をつかむ
  (2) 成果を追求する
  (3) 成果をまとめる
  (4) 成果を発表する
  (5) 自分を振り返る

道徳の時間

基本的な考え方

「道徳の時間」は自分自身を見つめる目をいっそう豊かにしていくための学びの場である。

- 資料を通して
- 友達の多様な考えを通して
- 自分を振り返る活動を通して

道徳的価値を内面的に自覚する。

1. 児童の心を動かす道徳の授業づくり
   - 指導過程、資料、発問、支援
   - 学習形態、話し合い、書く活動、評価（見とり）
2. 豊かな体験が生きる総合単元的道徳教育の推進

学年・学級経営

家庭・地域社会との連携
幼稚園・中学校との連携

各教科における道徳教育

- **国語**：正確な読解力と豊かな表現力の育成を図りながら自然を愛し他人を思いやる心情を養う。
- **社会**：公民的基礎を養う中で、地域、国家への愛情を育て、公共心を養う。
- **算数**：筋道立てて考え、問題を解決する能力を養い、主体的な態度を育てる。
- **理科**：科学的な見方、考え方を育てると共に、生命尊重、動植物愛護の心情を培う。
- **生活**：活動や経験を通して、自立への基礎を養い、主体性のある態度を育てる。
- **音楽**：音楽の楽しさを感じ取る心を育て、豊かな情操を養う。
- **図工**：造形表現や鑑賞の活動を通して、豊かな情操と感性を養う。
- **家庭**：家庭生活を充実させようとする活動の中で、創意工夫し、家庭愛を育てる。
- **体育**：進んで心身を鍛え、主体的に健康な生活を営もうとする態度を養う。

- 教育環境の充実・整備
- 豊かな心の動きを表出する工夫
- 児童会、クラブ、学級からの情報提供

※著者注：「総合単元的道徳教育」とは、道徳の時間を核としながら、他のさまざまな教育活動との関連を重視し、学校の教育活動全体を総合的な一つのまとまり（単元）と見なして道徳教育を進めようとする考え方である。

<例3> 中学校全体計画の構造

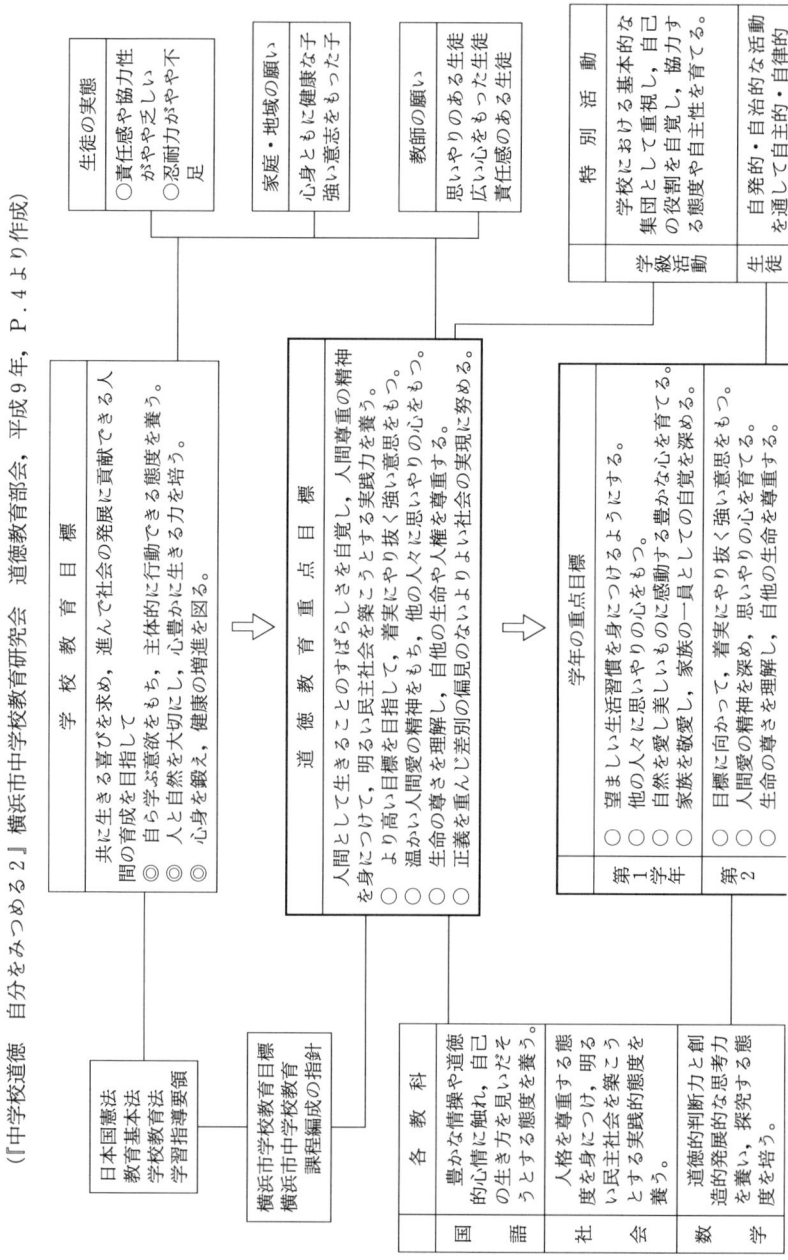

(「中学校道徳 自分をみつめる2」横浜市中学校教育研究会 道徳教育部会、平成9年、P.4より作成)

日本国憲法
教育基本法
学校教育法
学習指導要領

横浜市学校教育目標
横浜市中学校教育課程編成の指針

生徒の実態
○責任感や協力性がやや乏しい
○忍耐力がやや不足

家庭・地域の願い
心身ともに健康な子 強い意志をもった子

教師の願い
思いやりのある生徒 広い心をもった生徒 責任感のある生徒

特別活動

学級活動	学校における基本的な集団としての役割を自覚し、自己の役割を自覚し、協力する態度や自主性を育てる。
生徒会活動	自発的・自治的な活動を通して自主的・自律的

学校教育目標
共に生きる喜びを求め、進んで社会の発展に貢献できる人間の育成を目指して
○自ら学ぶ意欲をもち、主体的に行動できる態度を養う。
○人と自然を大切にし、心豊かに生きる力を培う。
○心身を鍛え、健康の増進を図る。

道徳教育重点目標
人間としてより良く生きることのすばらしさを自覚し、人間尊重の精神を身につけて、明るい民主社会をつくろうとする実践力を養う。
○温かい人間愛の精神をもち、他の人々に強いやりのある心をもつ。
○生命の尊さを理解し、自他の生命や人権を尊重する。
○正義を重んじ差別や偏見のないよりよい社会の実現に努める。

学年の重点目標

第1学年
○望ましい生活習慣を身につけるようにする。
○他の人々に思いやりのある心をもつ。
○自然を愛し美しいものに感動する豊かな心を育てる。
○家族を敬愛し、家族の一員としての自覚を深める。

第2学年
○目標に向かって、着実にやり抜く強い意志をもつ。
○人間愛の精神を深め、思いやりのある心を深める。
○生命の尊さを理解し、自他の生命を尊重する。

各教科

国語	豊かな情操や道徳的心情に触れ、自己の生き方を見いだそうとする態度を養う。
社会	人格を尊重する態度を身につけ、明るい民主社会を築こうとする実践的な態度を養う。
数学	道徳的判断力と創造的発展する思考力を養い、探究する態度を培う。

資料編　163

学年	
第3学年	○ 集団の中での自己の役割と責任を自覚する。 ○ 自律の精神を重んじ、自主的に考え行動する。 ○ 謙虚に学ぶ広い心を育てる。 ○ 人間として生きる喜びを見い出すようにする。 ○ 世界の平和と人類の幸福に努めるようにする。
特別活動	○ 望ましい集団活動を通して、心身の調和のとれた発達と個性の伸長を図り、集団や社会の一員としてよりよい生活態度を育てるとともに、奉仕活動に対する理解を深める。
学校行事	諸行事へ積極的に参加することを通して、集団の一員として自覚を深めようとするよりよい生活態度を育てる実践的態度を育てる。
総合的な学習の時間	体験的な学習を通して ○ 自ら学び考える力を養う。 ○ 自己の生き方を考える態度を養う。
生徒指導	道徳的実践の場として、一人一人の道徳的特性を育てる。 ○ 基本的生活習慣の定着 ○ 集団の一員としての自覚 ○ 公共心と奉仕精神の □養
家庭・地域社会との連携	地域社会の特質を考え、道徳教育上の問題点を明らかにするとともに、連携・協力を通して、道徳的実践の強化を図る。 ○ 学校・家庭・地域・連携事業 ○ 授業参観、保護者会

道徳の時間の指導方針

豊かな心をもち、たくましく生きる生徒の育成を目指し、各教科等との密接な関連を図りながら、これを補充、深化、統合し、人間としての生き方についての自覚を深め、道徳的実践力を育成する。

⇓

学級の道徳教育の充実

○ 道徳教育全体計画の趣旨を踏まえ、学級の独自性を生かして、道徳教育の具体化を図る。
○ 学級における指導計画の作成と推進。
○ 日常における豊かな体験と道徳の時間との関連を重視。

学級・学校の環境整備

○ 教職員と生徒および生徒相互の人間的ふれあいを深める。
○ 清潔で落ち着きのある学級・学校環境の整備に努める。
○ よりよい校風を樹立する。

理科	自然に親しみ、自然への理解を深め、科学的な見方・考え方を養う。
美術	感性を浄化し豊かな人間性を育て、文化の意義や役割を理解する。
音楽	美的感覚と創造的な表現力を生かし、文化に関する理解を深める。
保健体育	協力して役割を果たそうとする態度を育て健康安全や生命尊重への関心を深める。
技術家庭	基本的な生活習慣を育て、家庭や社会の一員としての資質の向上を図る。
外国語	外国の言語や文化に対する関心を深め、国際理解や人類愛の精神を育成する。
選択	個性を伸長する姿勢と、自主性を培う。

164 資 料 編

〈例4〉 中学校の全体計画
(七條正典・押谷慶昭編著『中学校新教育課程の解説－道徳－』第一法規、

平成〇年度

道 徳 教 育

教育関係法規
日本国憲法／教育基本法／学校教育法／学習指導要領など

学校教育
志に生きる
「光れ ○○中
燃やせ いのち」
・やる気
・おもいやり
・たくましさ

自思生心生

時代や社会の要請・白書・答申等
(中央教育審議会答申)
・自ら課題を見つけ、自ら学び、自ら考え、主体的に判断し、行動し、よりよく問題を解決する資質や能力の育成
・自らを律しつつ、他人とともに協調し、他人を思いやる心や感動する心など豊かな人間性の育成
・たくましく生きるための健康や体力の育成
(教育課程審議会答申)
・豊かな人間性や社会性、国際社会に生きる日本人としての自覚を育成
・自ら学び、自ら考える力を育成
・基礎・基本の確実な定着を図り、個性を生かす教育を充実
・各学校が創意工夫を生かし特色ある教育、特色ある学校づくりを推進

学校経営
・人間尊重の精神に立ち、生徒一人一人を育てるとともに、自立性を養い、健
・家庭地域との連携を密にし、地域社会けて、生徒・教師・保護者・地域住民てる〇〇中学校」の実現を図る。
・「時を守り、場を清め、礼を正す」を基環境の整備、充実に努める。

道 徳 教 育 の 重
人間としてのよりよい生き方を身に付け

各学年ごとの指導の重点
(1年)
・衝動的になりやすい自分自身の在り方に目を向け、自立できるよう望ましい生活習慣を身に付ける。
・他の人の立場を尊重しながら思いやりの心をもって接する。
・自分の所属する集団の在り方を十分理解し、自己の役割と責任を自覚するとともに協力し合って集団生活の向上に努める。

(2年)
・自ら振り返って正すべきところはる。
・共に語り、悩み、共感し、そして友情を育てる。
・不正を憎み、不正な言動を断固と偏見ないよりより社会の実現に

教育環境の整備
・教師と生徒の信頼関係及び生徒相互の好ましい人間関係を育てるとともに生徒理解を深め、生徒指導の充実を図る。
・言語環境を整え、情操を養うため、美化を心がけ、学校を愛する心を育てる。
・絵画や詩などを掲示し、感性や情操を養うとともに、よりよい生き方への自覚を深める。

道徳の時間の指
年間指導計画に基づき、全教育活動における道徳教育通して、生徒の道徳的実践力を育成する。

(補充・深化)

各 教 科
・各教科の指導に当たっては、体験的な学習や問題解決的な学習を重視するとともに、生徒の興味・関心を生かし、自主的、自発的な学習が促されるようにする。
・各教科の目標達成に努める中で、道徳的実践力の指導に留意する。
・自らのよさに気付き、伸ばしていくことができるようにす る。

総合的な学習
集団活動を通して心関係、社会性、個性及び協力性を実践
・学級活動
生活の諸問題を話し力で解決する。
・生徒会活動
学校生活を豊かにる態度を養う。
・学校行事
豊かな道徳的体験を設ける。

家庭や地域社会との連携
・「学校だより」等を発行したり、「道徳の時間の公開」などを行い、学校の取り組みを家庭や地域社会に広め、共通理解を深める工夫をする。
・地域の様々な行事に生徒・教師ともに参加し、郷土を愛する心を育てる。
・授業の実態や、地域教材の開発や活用などに、保護者や地域の人々の積極的な参加や協力を得るなど、相互の連携を図るように配慮する。

資料編　165

平成12年、p68〜69)　　　　　　　　　　　　　　　　　　　　　　　○○○○中学校

全　体　計　画

目　標

ら考え解決しながら生きる生徒
いやる心や感謝する心をもって
きる生徒
身を積極的に鍛えながら生きる
徒

生徒の実態	保護者の願い	教師の願い	地域社会の要領
・自分自身を見つめ、理想の実現を目指そうとする生徒は多い。 ・一方、人間関係に悩む生徒もおり、生命の尊さを理解している生徒は少ない。 ・自己の人生を切り拓く。	・温かい人間愛の精神をもって、他の人々に感謝と思いやりの心をもつ。 ・心から信頼できる友達をもち、互いに励まし合い、高め合う。	・望ましい生活習慣を身に付け、節度を守り節制に心がける生徒。 ・感謝と思いやりの心をもつ生徒。 ・感動する豊かな心をもった生徒。 ・集団生活の向上に努める。	・地域社会の一員としての自覚をもち、郷土を愛し、郷土の発展に努める生徒の育成。 ・国際的視野に立って、世界の平和と人類の幸福に貢献する生徒の育成。

方　針

のよさを見いだし、豊かな個性
康で心豊かな人間を育成する。
に開かれた学校づくり実現に向
がそれぞれの立場で「誇りのも
盤に置いた清潔で美しい教育

点　目　標
実践できる生徒の育成を目指す

研　修　課　題
豊かな表現力を育成し、生きる力を培う教育活動の推進

(3年)
・絶えず理性を求め、目標をもって着実に努力する。
・異性についての正しい理解を深め、相手の人格を尊重する。
・世界の中の日本人としての自覚をもち、外国の人々や異文化に対する理解と尊敬の念を尊重し、世界の平和と人類の幸福に貢献するようにする。

正し、絶えず自己を高めようとす
励まし合い高め合うことのできる
して否定することにより、差別や
つくすようにする。

導方針
と密接な関連を図り、計画的、発展的な指導を

・統合)

の時間	総合的な学習の時間
豊かな人間伸長、自主的に学ぶ。 し合い、協 しようとす の場と機会	・自ら課題を見付け、自ら学び、自ら考え、主体的に判断し、よりよく問題を解決する資質や能力を育成する。 ・学び方やものの考え方を身に付け、問題の解決や探究活動に主体的、創造的に取り組む態度を育て、自己の生き方を考えることができるようにする。 ・自然体験や社会体験など、問題解決的な学習を積極的に取り入れる。

環境教育
・環境問題の多くは、人間によってもたらされたものであることに気付かせ、環境への理解を深め、環境を大切にする心を育成するとともに、環境の保全やよりよい環境の創造のために主体的に行動する実践的な態度や資質、能力の育成を図る。

学校同和教育
・発達段階に即して同和問題の正しい理解を図るとともに、その理解を、差別をなくしていく人間としての生き方に結び付く認識にまで深める。

ボランティア・福祉教育
・ボランティア活動を通じて豊かな心、他人を思いやる心や感謝の心、勤労の尊さや奉仕する精神の育成などを図る。また、福祉教育を通して基本的人権の尊重の精神を基盤に、福祉社会の実現を目指して、共に豊かに生きていこうとする力や社会福祉に関する問題を解決する実践力を身に付けさせる。

国際理解教育
・日本及び諸外国の文化・伝統等について深い理解をもち、国際社会において信頼され、世界の平和と発展に貢献する日本人を育成する。

男女平等教育
・人間尊重の精神に立って、一人一人の個性を尊重し、男女が互いに理解し、協力していく態度を育成する。

2 学級における指導計画

<例1> A小学校第3学年N教諭の学級指導計画
(「道徳教育推進指導資料5. 小学校 責任や分別の心を育てる」文部省、平成7年、p.93)

第3学年の道徳教育重点目標

[児童の道徳性の実態]
- ひとつのことにじっくりと取り組むことはできにくいが興味旺盛である。
- 言動の面が粗野の面がみられるものの、仲間意識が徐々に強くなっている。
- 指示を待って行動する傾向が強いが、善悪の判断力は徐々に高まっている。

[めざす子ども像]
- くじけずにやりとげる強い意志と、明るく思いやりの心をもって自ら進んで行動できる子ども。

[学級の道徳教育重点目標]
- よく考え最後まで努力する。
- 相手の気持ちを考えて助け合う。
- きまりを守って進んで行動する。

[道徳教育の基本方針]
- 子どもの理解に努め、個に応じた指導・援助の伸長を図る。
- 自己を見つめる発問方式に工夫し、話し合いの深め方に努め、道徳的価値の内面化を図る。
- 家庭との連携を密にして指導の一貫性を図り、望ましい生活習慣を育てる。

	[各教科における指導]	[道徳の時間における指導]	[特別活動における指導]	[その他の教育活動]
ねらい	・基本的な学習の心構えがしっかりできる。 ・みんなで協力しながら学習できる。	・自分の考えを素直に発表することができる。 ・これまでの自分をふりかえることができる。	・みんなと仲よく行事に参加することができる。 ・自分の役割を知って、責任を果たすことができる。	・めあてに向かって努力することができる。 ・明るく楽しく生活することができる。
4月	・話合いの学習訓練を行い、何でも言えるような雰囲気づくりをする。 ・「生きもの一年」を調べるためのコーナーを設け、自然とのふれあいをもつ。	・子どもの観察や生活ノートなどを通して、一人一人の子どもの理解に努め、個別指導に活用する。 ・主人公に共感し、多様な感じ方・考え方を語り、他の人の意見に耳を傾ける。	・学級オリンピック大会を計画し、集団への所属感を高める。 ・3年生としての自覚を深め1年生の面倒を見てあげようとする意欲を高める。	・帰りの会などにおいて、教師自身も語り自己を語り温かい信頼関係をつくる。 ・給食献立の好き嫌いの実態を把握し、個別に指導する。

5月

- 「読み聞かせ」の機会を増やし、読書に親しみ、よい本をたくさん読む。
- 自分たちの家の回りのようすを、グループになって調べたり、まとめたりして連帯感を養う。

- 資料から学んだことを書くことによって、一人一人の価値観を明確化する。
- 切り絵やペープサート等を活用して、板書を構造化し、授業に変化をもたせる。

- 話合い活動での司会を輪番制で経験し、計画的に準備をしたり責任をもって運営できるように援助する。
- 望ましい生活習慣が実践されているかを調べ、意義や方法を指導して習慣化する。

- 朝マラソンで能力に応じためあてをもち意欲的に取り組む。ヘチマの水やり観察を継続的に行う。

(中略)

(教育環境の整備と豊かな体験)
- 豊かな心を育てる掲示の工夫
- ほほえみのネットコーナー
- 自然とのふれあいの場づくり
- 一鉢運動
- 勤労生産活動の充実
- クリーン作戦の実施

(生徒指導における道徳教育の視点)
基本的な生活習慣の育成 (よい子の一日)
- 「へんじ」
- 「あいさつ」
- 「あとしまつ」
望ましい学習態度の育成 (学習の約束)
明るい人間関係の作成 (オアシス運動)

(他学年・学級との連携)
- 種まき集会　5月 学年
- 昔の遊び集会　6月 学年
- 七夕集会　7月 全校

(家庭・地域社会との連携にかかわる内容と方法)
福祉協力校による実践活動 〜標語づくり・ポスターづくり・古切手集め等 (体験活動)
望ましい生活習慣の指導 〜実践カード (歯磨きカレンダー・あいさつ・10分早起き運動)
学級だよりの発行 〜道徳コーナー (毎週1回)
親子の対話の日 〜毎月重点内容を決めて家族で話し合う (4月礼儀、5月節度・節制・自立、以下略)
道徳授業公開 〜日曜参観
以下略 (観点は工夫し活用していく。)

評　価　の　観　点	評　価	改　善　へ　の　視　点
・指導計画に添って実践されていたか。 ・児童と共に学びを求める態度で指導されていたか。		

著者注：新しい学習指導要領では「総合的な学習の時間」も含めて計画することが必要である。

168 資料編

〈例2〉　B中学校第2学年○組の学級指導計画
(『道徳教育推進指導資料6，中学校　社会のルールを大切にする心を育てる』
文部省，平成9年，p.150)

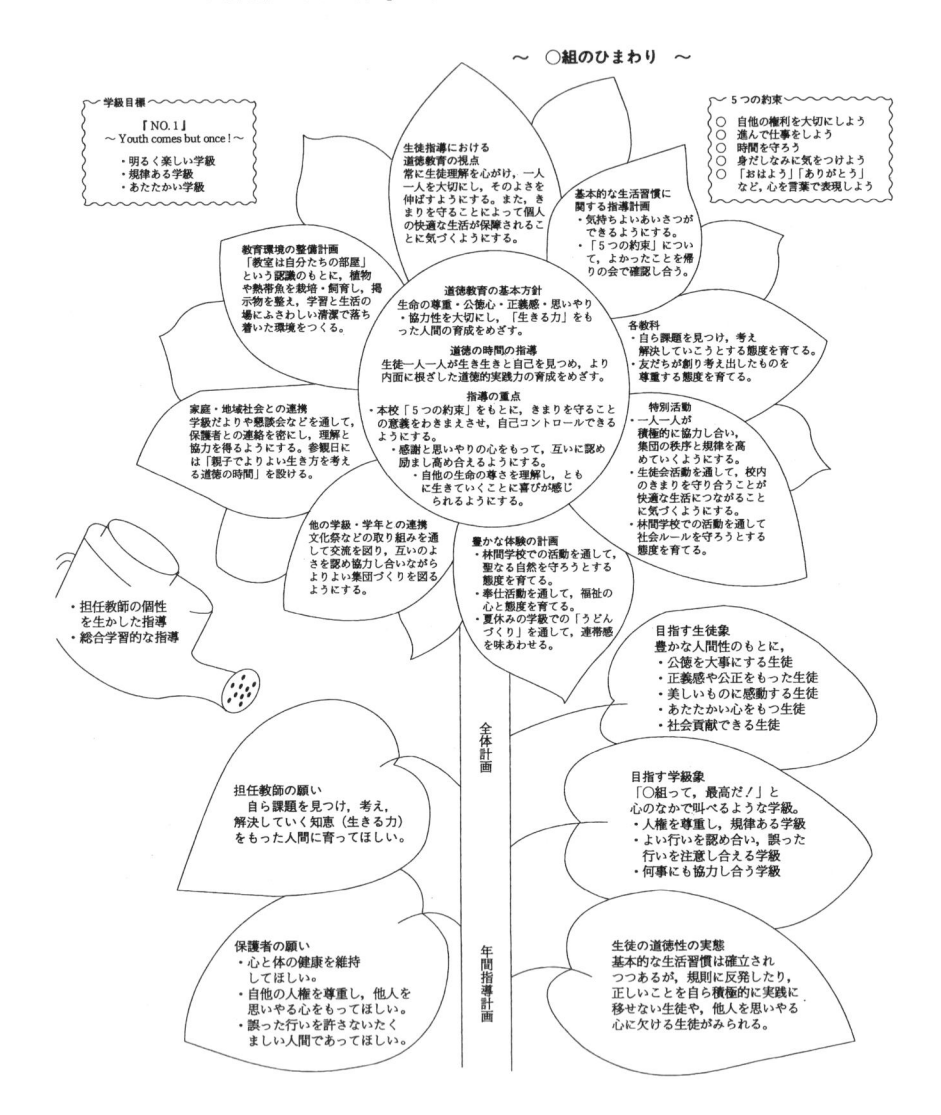

～ ○組のひまわり ～

学級目標
『NO.1』
～ Youth comes but once！～
・明るく楽しい学級
・規律ある学級
・あたたかい学級

5つの約束
○ 自他の権利を大切にしよう
○ 進んで仕事をしよう
○ 時間を守ろう
○ 身だしなみに気をつけよう
○ 「おはよう」「ありがとう」
など、心を言葉で表現しよう

生徒指導における道徳教育の視点
常に生徒理解を心がけ，一人一人を大切にし，そのよさを伸ばすようにする。また，きまりを守ることによって個人の快適な生活が保障されることに気づくようにする。

基本的な生活習慣に関する指導計画
・気持ちよいあいさつができるようにする。
・「5つの約束」について，よかったことを帰りの会で確認し合う。

教育環境の整備計画
「教室は自分たちの部屋」という考えのもとに，植物や熱帯魚を栽培・飼育し，掲示物を整え，学習と生活の場にふさわしい清潔で落ち着いた環境をつくる。

道徳教育の基本方針
生命の尊重・公徳心・正義感・思いやり・協力性を大切にし，「生きる力」をもった人間の育成をめざす。

各教科
・自ら課題を見つけ，考え，解決していこうとする態度を育てる。
・友だちが創り考え出したものを尊重する態度を育てる。

道徳の時間の指導
生徒一人一人が生き生きと自己を見つめ，より内面に根ざした道徳的実践力の育成をめざす。

指導の重点
・本校「5つの約束」をもとに，きまりを守ることの意義をわきまえさせ，自己コントロールできるようにする。
・感謝と思いやりの心をもって，互いに認め励まし合えるようにする。
・自他の生命の尊さを理解し，ともに生きていくことに喜びが感じられるようにする。

特別活動
・一人一人が積極的に協力し合い，集団の秩序と規律を高めていくようにする。
・生徒会活動を通して，校内のきまりを守り合うことが快適な生活につながることに気づくようにする。
・林間学校での活動を通して社会ルールを守ろうとする態度を育てる。

家庭・地域社会との連携
学級だよりや懇談会などを通して，保護者との連絡を密にし，理解と協力を得るようにする。参観日には「親子でよりよい生き方を考える道徳の時間」を設ける。

他の学級・学年との連携
文化祭などの取り組みを通して交流を図り，互いのよさを認め協力し合いながらよりよい集団づくりを図るようにする。

豊かな体験の計画
・林間学校での活動を通して，聖なる自然を守ろうとする態度を育てる。
・奉仕活動を通して，福祉の心と態度を育てる。
・夏休みの学校での「うどんづくり」を通して，連帯感を味わせる。

・担任教師の個性を生かした指導
・総合学習的な指導

目指す生徒像
豊かな人間性のもとに，
・公徳を大事にする生徒
・正義感や公正をもった生徒
・美しいものに感動する生徒
・あたたかい心をもつ生徒
・社会貢献できる生徒

担任教師の願い
自ら課題を見つけ，考え，解決していく知恵(生きる力)をもった人間に育ってほしい。

目指す学級像
「○組って，最高だ！」と心のなかで叫べるような学級。
・人権を尊重し，規律ある学級
・よい行いを認め合い，誤った行いを注意し合える学級
・何事にも協力し合う学級

保護者の願い
・心と体の健康を維持してほしい。
・自他の人権を尊重し，他人を思いやる心をもってほしい。
・誤った行いを許さないたくましい人間であってほしい。

生徒の道徳性の実態
基本的な生活習慣は確立されつつあるが，規則に反発したり，正しいことを自ら積極的に実践に移せない生徒や，他人を思いやる心に欠ける生徒がみられる。

全体計画

年間指導計画

〈例3〉 学級における指導計画の形式
（『道徳教育推進資料5、中学校 真理や学ぶことを愛する心を育てる』
文部省、平成7年、P.95より作成）

平成○年度 第○学期　**学級における指導計画**　○年○組
　　　　　　　　　　　　　　　　　　　　　　　　　学級担任○○○○㊞

重点目標	真理や学ぶことを愛する心を育てる													
月	4			5				6				7		
週	1	2	3	1	2	3	4	1	2	3	4	1	2	3
道徳の時間														
学校行事														
生徒会活動														
学級活動														
各教科														
総合的学習														
家庭・地域との連携														

<例4> 中学校の学級における指導計画

(七條正典・押谷慶昭編著『中学校学習指導要領の解説―道徳―』第一法規、平成12年、p.80〜81)

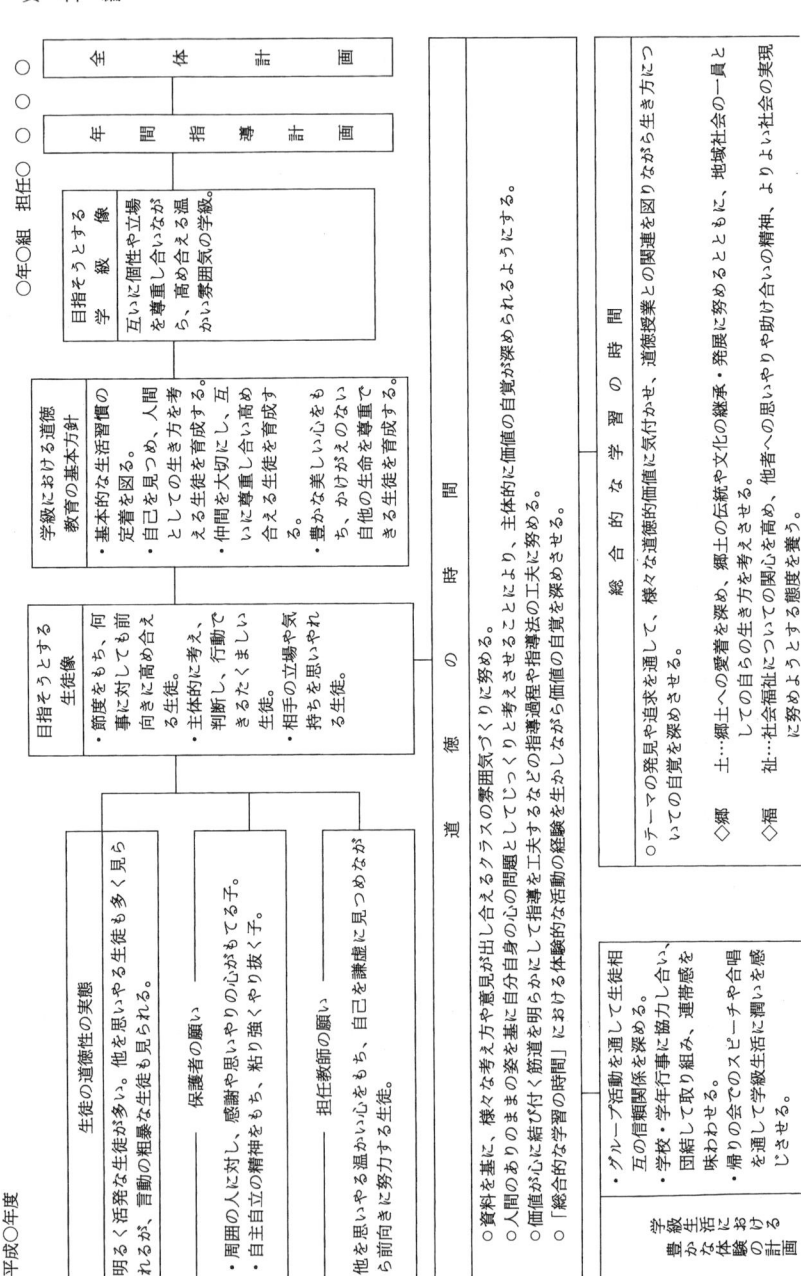

平成○年度　　　　　　　　　　　　　　　　　　　　　　　　　　　　　　　○年○組　担任○○○○

```
                                                    ┌─ 全体計画 ──○○○
                                                    ├─ 年間指導計画 ──○○○
```

生徒の道徳性の実態	目指そうとする生徒	学級における道徳教育の基本方針	目指そうとする学級像
明るく活発な生徒が多い。他を思いやる生徒も多く見られるが、言動の粗暴な生徒も見られる。	・節度をもち、何事に対しても前向きに高め合える生徒。 ・主体的に考え、判断し、行動できる生徒。 ・相手の立場や気持ちを思いやれる生徒。	・基本的な生活習慣の定着を図る。 ・自己を見つめ、人間としての生き方を考える生徒を育成する。 ・仲間を大切にし、互いに尊重し合い高め合える生徒を育成する。 ・豊かな美しい心をもち、かけがえのない自他の生命を尊重できる生徒を育成する。	互いに個性や立場を尊重し合いながら、高め合える温かい雰囲気の学級。

保護者の願い
・周囲の人に対し、感謝や思いやりの心がもてる子。 ・自主自立の精神をもち、粘り強くやり抜く子。

担任教師の願い
他を思いやる温かい心をもち、自己を謙虚に見つめながら前向きに努力する生徒。

道徳の時間

○資料を基に、様々な考え方や意見が出し合えるクラスの雰囲気づくりに努める。
○人間のありのままの姿を基に自分自身の心の問題としてじっくりと考えさせることにより、主体的に価値の自覚が深められるように努める。
○価値が心に結び付く節度を明らかにしての指導過程や指導法の工夫に努める。
○「総合的な学習の時間」における体験的な活動の経験を生かしながら価値の自覚を深めさせる。

総合的な学習の時間

○テーマの発見や追求を通して、様々な道徳的価値に気付かせ、道徳授業との関連を図りながら生き方についての自覚を深めさせる。
◇郷土…郷土への愛着を深め、郷土の伝統や文化の継承・発展に努めるとともに、地域社会の一員としての自らの生き方を考えさせる。
◇福…社会福祉についての関心を高め、他者への思いやりの精神、よりよい社会の実現に努力する態度を養う。

学級生活における体験活動の計画

○グループ活動を通して生徒相互の信頼関係を深める。
・学校・学年行事に協力し合い、団結して取り組み、連帯感を味わわせる。
・帰りの会でのスピーチや合唱を通して学級生活に潤いを感じさせる。

資料編

特別活動

学級活動	学級や学校の生活を豊かにし、適応指導を充実する。
生徒会活動	生活の諸問題を話し合い、協力して解決しようとする。
学校行事	豊かな体験を通して道徳性に根ざした道徳性を養う。

各教科

国語	豊かな言語感覚を養い、人間としての生き方を見つめる心を育てる。
社会	国土・歴史の理解を深め公民としての資質を養う国際人としての自覚を高める。
数学	課題を主体的に受け止め根気強く考える態度を養う。
理科	自然への理解を深め、科学的な見方、考え方を育て、自然を愛する心や真理を探究する態度を養う。
音楽	充実した表現・鑑賞の活動を通して、音楽性豊かな情操を養う。
美術	表現や鑑賞の活動を通して美術を愛好する心情を育て、豊かな情操を養う。
保健体育	運動に親しみ、体力を高め、ゲームや練習を通して協力する態度を養う。
技術家庭	作業時のきまりを守り安全に行動する態度を養う家族の一員として充実した家庭生活を営む。
外国語	言語や文化に関心を持ち、国際理解の基礎を養う。
選択	選択履修を通して自己の興味・関心に基づき、個性を伸ばす。

◇環境…かけがえのない生命や自然への畏敬の念を深めるとともに、人間を取り巻く環境に対する関心を高め、調和しつつ生きようとする態度を養う。

◇国際理解…世界の中の日本人としての自覚をもち、他の国の人々や異文化に対する理解を深めるとともに、尊重し合って生きようとする態度を養う。

◇情操…様々な情報を主体的に判断し、活用する中で、他者の創り出したものや価値を認めているものを尊重しようとする態度を養う。

家庭・地域社会との連携にかかわる内容と方法

- 学年PTAや学級懇談、学校通信等により相互理解に努める他、地域や家庭との綿密な連携により、生徒の自己実現に向けての援助が図れるよう心がける。
- 総合的な学習の時間における校外活動を通して家庭や地域社会における理解や援助を得ながら道徳性の育成に努める。

教育環境の整備における視点

- グループのポスターや新聞づくり。
- 道徳コーナーの設置。
- 学級組織の掲示や詩の掲示。
- 教室に花や緑を絶やさない。
- 常に整理整頓を心がけ落ちつきと潤いのある環境整備に心がける。

基本的な生活習慣に関する指導計画

- 明るく元気よく挨拶や返事ができるようにさせる。
- 計画性のある主体的な生活ができるようにする。
- 時間を守り、先を見通した行動を心がけさせる。

生徒指導計画

- あらゆる機会を通して生徒理解に心がけるとともに、個別指導を充実させ自己実現への援助を図る。
- 教育相談等を通して学校生活に適応できるよう配慮する。
- 道徳の時間と生徒指導の相互補充に努める。

他の学級・学年との連携に関わる内容と方法

- 学年集会や学年行事を通して、他学級との交わりを深めさせ、互いに学び合い、高め合う。
- 部活動や委員会活動、学校行事を通して学年・学級生活を楽しく充実したものにできるよう努力させる。

3 道徳の時間の年間指導計画

〈例1〉 小学校第5学年の年間指導計画(神奈川県I小学校)

四月		主題名	目標に向かって	資料名	5年生になって(児童作文)
		指導内容	1-(2)不とう不屈・克己心、希望、勇気		
		ねらい	より高い目標をたて希望を持ってくじけないで努力しようとする心情を育てる。		
	主題構成の観点	・目標をたてさせ、その目標実現のために様々な困難を乗り越えようとする強い意志、粘り強さを育てる。 ・5年生ともなると計画を立てて学習を進めていくことができるようになるが、困難な問題にぶつかったり、失敗すると、中途で投げ出してしまう傾向が強い。 ・児童の作文を読んで、作者の前向きな気持ちについて共感させる。			
第一週	展開の大要	1. くじけずに自分の計画を成し遂げたことを話し合う。 2. 児童の作文を読んで作者の前向きな気持ちについて、話し合う。 3. 希望を持って生活することの大事さを考える。 4. より高い目標を実現しようとした先人のことについて話を聞く。			
関連・家庭との連携　　クラス替え・学級活動					

四月		主題名	学校を愛する心	資料名	開校記念日(講話)
		指導内容	4-(6)愛校心		
		ねらい	学校をよくするためにみんなが協力し、よりよい校風をつくろうとする心情を育てる。		
	主題構成の観点	・自分の学校のよさについて考え、学校をよりよくしていくために自分がどうかかわっていけばよいかという意識を高めさせる。 ・上級生として学校全体のことに目が向くようになった。 ・自分の学校について知り、学校のために自分ができることを考えさせる。			
第二週	展開の大要	1. 開校記念日について考える。 2. 「校長先生の講話」を聞いて感想を話し合う。 3. 自分の学校に誇りをもち、学校のために自分ができることについて話し合う。 4. 教師の話「小学校時代の思い出」を聞き、まとめる。			
関連・家庭との連携　　開校記念日					

	主題名	大事な自然	資料名	来た時よりも美しく (光文)
五月	指導内容	3－(2)自然愛		
	ねらい	自然の偉大さを理解し、自然環境を大切にしようとする心情を育てる。		
	主題構成の観点	・自然のすばらしさを認識させ、自然を愛する心を大切にさせる。 ・この時期の児童は、自己中心的な考えを反省し、自分自身をセーブできるようになるが、自然環境の真の意味をわかっていない。 ・自然は、人間自身の生存にとっても大切なことだと気づかせていく。		
第一週	展開の大要	1. ゴミなどが捨てられた公園の様子について話し合う。 2. 資料「来たときよりも美しく」を読み、石川さんの気持ちについて考える。 3. 自分たちの生活を振り返り、話し合う。 4. 教師の話を聞く。		
関連・家庭との連携　　緑化募金・移動教室・遠足				

	主題名	家族っていいな	資料名	ぼくと道子 (光文)
五月	指導内容	4－(5)家族愛		
	ねらい	家族の人たちを尊び、家族の幸せを求めて進んで自分の役割を果たそうとする心情を育てる。		
	主題構成の観点	・最も身近な集団である家族の中でお互いが助け合い、思いやりを持つことでよりよい家庭が築けることを理解させる。 ・児童は家族の一員として自覚をもって行動したり、手伝いなどの意義を考えるまでには至っていない。 ・兄としてのいたらなさ、配慮のなさという反省の面から気持ちをとらえさせる。		
第二週	展開の大要	1.「家族ってありがたいな」と思った経験について話し合う。 2. 資料「ぼくと道子」を読んで、まこと君の気持ちについて話し合う。 3. 自分が家族の中で努力していることについて話し合う。 4. 学習のまとめとして家族に手紙を書く。		
関連・家庭との連携　　母の日・家庭科「わたしの仕事」				

(以下、略)

〈例2〉　中学校第1学年の年間指導計画

(『中学校　道徳教育指導上の諸問題』文部省、平成2年、p.46)

月	週	主題名 主題構成の理由	資料名	時間	ねらい	展開の大要	備考
4	2	きまりを守る生活 きまりの意義については理解しているように見えるものの、積極的に遵守しようとする姿勢が弱い。きまりを守ることが自分の生活を確かなものにすることを理解させる。	自転車	1	きまりの意義を理解し、社会の秩序と規律を高めていくように努めようとする心情を育てる。	1．安夫の誘いを断りきれなかった哲三についてどう思うか。 2．悩みながら安夫と行動をともにした哲三の考え方についてどう考えるか。 3．哲三がとった行為についてどう思うか。	
4	3	自　　主 落ち着いている反面、自主的、積極的な行動に欠けるところがある。自分の立場と役割を理解し、自主的、積極的に実行に移す姿勢をもたせたい。	ある歯科医院で	1	自分がよいと思ったことは進んで実行しようとする実践意欲と態度を育てる。	1．真知子が男の子に席をゆずってやれなかったのはどうしてだろうか。 2．歯科医院でのことを話して、いやな気持ちになったのはなぜか。 3．真知子と同じような体験がなかったかどうかをふりかえる。	

(以下、略)

〈例3〉　中学校第2学年の年間指導計画

(『中学校教育課程編成の指針』神奈川県教育委員会、平成2年、p.130〜132)

(1) 指導の基本方針

　① 道徳の時間の基本方針

　　　多様な資料を使って話し合いを重視し、生徒の道徳的心情を豊かにし、道徳的判断力を高め、道徳的実践意欲と態度の向上を図る。また、人間としての生き方についての自覚を深め、道徳的実践力を育成する。

　② 道徳教育の目標　　○自主的に考え、判断し、責任ある行動を目指す。

　　　　　　　　　　　　○思いやりの気持ちをもち、協力しあってより

よい集団生活を目指す。
〇最後までやり通そうとする強い意志と態度を育てる。
- 学年の重点目標　　　第1学年
・自分の考えをもち、けじめのある生活をこころがける。
第2学年
・思いやりの気持ちをもち、友情を育てる。
第3学年
・強い意志をもって、ねばり強くものごとに取り組む。

③　教科・特別活動との関連

　教科や特別活動においても、道徳の内容項目との関連を考慮して指導に当たるようにする。

(2)　主題の配列について

月	週	主題名	ねらい	資料名	項目
4	1・2	オリエンテーション	道徳授業への取り組みの理解を深め、一年間の道徳授業への導入とする。		
	3	自主・責任	他人に頼らず、自主的に判断し行動する態度を養う。	菊づくり	(1-3)
5	4	きまりを守る生活	社会生活のきまりを尊重し、進んで守ろうとする態度を養う。	釣り旅行	(4-2)
	5・6	相手の理解	相手の気持ちや立場を理解し、その立場にたって物事を考えることの大切さを知らせる。	清作と学	(2-5)
6	7	健全な異性観	異性の友達として互いに信実を傾け、健全な異性観を持つ。	番頭	(2-4)
	8・9	集団生活と個人の責任	最後まで責任を持ってやり遂げることの大切さを考える。	VTR「翼」	(1-5)
	10	友情	友達として互いに相手の理解に努め励まし合って、友情を深める。	班編成	(2-3)

7	11 12	思いやり	人は数多くの人たちのあたたかい思いやりの中で生きていることに気付く。	最後の一葉	(2−2)
		生命の尊重	生命のかけがえのなさを自覚し、無謀な行動を慎む態度を養う。	流されたテント	(3−2)
9	13	積極性	正しいと信じたことをためらわず実行しようとする態度を養う。	グループ日記	(1−2)
	14 15	役割と責任	自ら引き受けたことは、進んでこれに取り組み、最後まで責任を持って成し遂げる。	プロデューサー	(1−3)
	16	集団と個人	集団の和を重んじ、進んで自己の役割を果たし、集団生活の向上に努める。	タイム1分1秒9	(4−1)
10	17	理解と友情	相手の立場に立って物を考え、互いに忠告しあってよりよい友情を築く。	冷戦	(2−3)
	18	自己の伸長	狭い視野で他人や自己を見る事なく、自分の持つ良さを伸ばそうとする態度を養う。	醜いアヒルの子（あしかびのもえいづるごとく）	(1−5)
	19	身辺の処理	身辺を整え、物を大切にしていこうとする態度を養う。	短い鉛筆	(1−1)
11	20	時と所に応じた言動	礼儀の意義を理解し、相手の気持ちを尊重しながら、時と所をわきまえた適切な言動を取ろうとする態度を養う。	万年筆とぞうきん	(2−1)
	21	公共の利益	公共の秩序とみんなの幸せを重んじ、すすんでそれらのために貢献しようとする。	焼却炉	(4−2)
	22	畏敬の念	人間の祈りの感謝を通して、人間の力を超えたものに思いをいたそうとする。	首なし地蔵	(3−1)
	23	人間の気高さ	人間としての弱さ、醜さ、強さ、気高さをわからせることによって、人間を愛する精神を深める。	おおかみ	(2−2)
12	24 25	人類の幸福の追求	人間は平和を願っていることを理解し、人種や狭い立場を超え、誰とでも人間的に理解し合う心情を養う。	ビルマのたて琴	(4−9)
	26	立ち向かう勇気	状況に左右されずに、行動できる勇気の大切さを考える。	少年の日の感動（井上靖郷里の鏡）	(4−3)
1	27 28	住みよい社会の実現	利己心だけにとらわれずに、よりよい社会を実現するために役立とうとする態度を養う。	指定席	(4−3)

2	29 30	努力と不屈の精神	つらさや苦しさに負けず、自己に厳しく目標に向かって努力しようとする、不屈の精神を養う。	VTR 17年間休まなかった男「衣笠祥雄の野球人生」	(1-2)
	31	家族の思いやり	愛情といたわりの気持ちのうえに明るい家庭を築こうとする態度を養う。	おばあちゃんの里帰り	(4-5)
	32	強い意志	自己の内面に目を向け、自らの意志との闘いに克つ気力を養う。	ぼくのコンプレックス(赤塚不二夫)	(1-2)
3	33	勤労の尊さ	自分のなすべき事をやり遂げて働くことの喜びを知る。	ぼくは魚屋	(4-4)
	34	理性的判断	現実を見つめて物事を理性的に判断し、理想に向かってよりよい結論に到達しようとする態度を養う。	二つの道	(1-4)
	35	向上心	目標を見失う事なく、強い意志と忍耐で、最後までやり抜く強い意志を育てる。	私の青春	(1-2)

著者注： ( )内は学習指導要領（平成元年）の項目番号。

(3) 年間にわたる指導の概要

4月（No.2）

主題名	自主責任（1-3）	教科・特別活動との関連	委員会活動 係活動
資料名	菊づくり		
ねらい	他人にたよらず、自主的に判断し、行動する態度を養う。		
主題構成の観点	○自主的に行動することの大切さと、それに伴う責任感を育てたい。 ○ある程度自主的に考え、行動する事ができるが、半面、他人の言動に左右される傾向にもある。 ○菊が開花するまでの間、苦しまなければならない主人公のどこに問題があったかを考えさせたい。		
主な発問	○清水の軽蔑にしたような言い方、またそれに対して主人公が腹を立てたことについてどう思うか。 ○主人公が、学校にある菊苗を無断で持ち帰ったり、母親にあたりちらしたことについてどう思うか。 ○世話した苗が立派な花を咲かせたにもかかわらず、うつろな気持の主人公をどう思うか。		

5月（No.1）

主題名	きまりを守る生活（4-2）	教科・特別活動との関連	キャンプ（6月）
資料名	つり旅行		
ねらい	社会生活のきまりを尊重し、進んで守ろうとする態度を養う。		
主題構成の観点	○きまりを進んで守ることが秩序ある社会を形成していくことを理解させることが大切。 ○きまりを自己本位に考えやすい生徒が多い。 ○きまりに対する主人公の甘い態度を追求し、ねらいにせまる。		
主な発問	○2日分の入漁券を1日分にしてくれないかと交渉した主人公についてどう思うか。 ○漁業組合の若者にだめだといわれ、2日分の入漁券を買った主人公をどう思うか。 ○番頭にいっぱい食わされたと感じている主人公をどう思うか。		

5月（No.2）

主題名	相手の理解（2-5）	教科・特別活動との関連	学級活動 部活動
資料名	清作と学		
ねらい	相手の気持や立場を理解し、その立場にたって物事を考えることの大切さを知らせる。		
主題構成の観点	○相手の気持や立場を理解し、温かい心で触れ合うことが明るい生活の基本であることをわからせたい。 ○自我の目覚めに伴い、大人への批判や自分の考えのみに固執しがちになる傾向がある。 ○自分の考えだけにとらわれて、学の本当の気持を理解しえなかったばかりか、その仕返しまで考え行動してきた偏狭さをわからせる。		
主な発問	○学にやさしく接しようとしたキャプテンの主人公についてどう思うか。 ○主人公を無視して、学が高田に打ち明けたときの主人公の気持ちをどう思うか。 ○清作が自分を情けなく思ったのは何に気づき、何を反省したからか。 ○これまでの自分の生活をふりかえる。		

(以下、略)

<例4> 中学校第3学年の月別主題配列表

(『中学校道徳　自分をみつめる2』横浜市立中学校教育研究会道徳教育部会、平成9年、p.11)

	月	主 題 名	内容項目	資 料 名
一学期	4	望ましい生活習慣	1-(1)	心は近く、眼は広く
		校風	4-(6)	べに花
	5	親子の愛情	4-(5)	クリームソーダの詩
		自主・自律	1-(3)	規則はなぜあるのか
		自然愛	3-(1)	地球の詩
	6	郷土の伝統	4-(7)	田植踊り
		信頼	2-(3)	まるごと好きです
		大いなるもの	3-(1)	花と人と
	7	温かい心	2-(2)	白桃
		温かい家族	4-(5)	キャンプ地に父が届けた緊急通知
二学期	9	強い意志	1-(2)	今、輝いて生きる
		集団の一員としての自覚	4-(1)	山につかれた男
		私たちの郷土	4-(7)	吉田新田
	10	生命の尊さ	3-(2)	棺に眠る花嫁
		理想を求めて	1-(4)	自然破壊とたたかって
		平和の尊さ	4-(9)	いま描かなければ
	11	公共の福祉	4-(4)	生きていてよかった
		生きる喜び	3-(3)	ひとりじゃなかった
		広い心	2-(5)	外科第二病棟
	12	差別のない社会	4-(3)	父の仕事
		礼儀の意義	2-(1)	イギリス婦人のバカ力
三学期	1	日本の美	4-(8)	陶器好き
		人間愛	3-(3)	塩狩峠
	2	健全な異性観	2-(4)	おどろき
		思いやり	2-(2)	ガス欠
		社会の秩序	4-(2)	二つの話
	3	充実した生き方	1-(5)	美しく自分を染めあげてください

著者注：内容項目は平成元年の学習指導要領による。

4　道徳時間の学習指導案

〈例１〉小学校第３学年の学習指導案（神奈川県Ｉ小学校Ｗ教諭）

　　　　　　　道徳学習指導案　　　　　　　　指導者○○○○㊞

1　日　　時　平成９年２月21日(金)　第５校時
2　学年・組　第３学年２組（男子18名　女子15名、計33名）
3　主 題 名　人にやさしく　２−(2)思いやり・親切
　　　　　　　資料名「レフトレフト」（光文書院）
4　主題設定の理由
　(1)　ねらいについて
　　　　「思いやり」とは、他人の気持ちや立場を推し量るとともに、相手の身になり、その立場に立つことである。つまり、相手の身になって考えることであり、相手の喜びや悲しみを自分のものとして感じることである。特に、自分の思いを十分に表現できない幼いものに対しては、深くその胸のうちを思いやり、温かい気持ちで接することが大切である。
　　　　そういう心が基本にあって、はじめて親切な行為が生まれる。思いやりの自覚的行為こそが、他者に対する親切そのものであり、相手に喜ばれることなのである。
　(2)　児童の実態
　　　　この時期の児童は、学校の内外において人間関係が広がるので、他者の存在を意識し、関心も高まってくる。それだけに、この時期を、他者のおかれている立場や状況、他者の気持ちを推し量る心を育てる好機ととらえることが大切である。
　　　　子どもたちは、「思いやり」を持って接したい、「親切」にしてあげたいと思っている。しかし、実際の生活の場では、真に相手の立場になって考えたり行動しようとする態度には弱い面も見られる。そこで、相手が今、何を必要としているのか、何を考えているのかを常に

推し量り、相手の喜びを自分の喜びとするような心を持つようにさせたい。

(3) 資料について

「小さい子も野球をしたくてきたんだ。小さい子の誇りを傷つけずに、なんとか仲間に入れてやれないものか。」という6年生の精いっぱいの思い、その思いを具体的な形として表わしたのが「レフトレフト」である。その正式のレフトの後の守備位置は、小さい子を満足させたであろうし、小さい子は、6年生の思いやりの心を感じてうれしかったにちがいない。6年生の小さい子に寄せる思いやりの気持ちと、小さい子の満たされた思いに焦点を当てて考えさせたい。

5 ねらい

相手の気持ちを思いやり、親切にしようとする心情を育てる。

6 展開

段階	学習活動	主な発問と予想される反応	教師の働きかけ
導入(10分)	1. 自分の生活を振り返って話し合う。	○遊びの中にいれてもらえなかったことがありますか。相手はどんな人たちで、どんな気持ちになりましたか。 ・年上の人──つまらなかった。悲しかった。 ・友だち──寂しかった。くやしかった。いやだった。	・遊びに加えてもらえなかった経験を思い出させ、その時の気持ちを考えさせる。

展開（30分）	2．資料「レフトレフト」を読んで、6年生と小さい子どもの気持ちについて話し合う。	○6年生の子は、ヨッちゃんに「レフトレフトや」と言うまでに、どんなことを考えていたでしょう。 ・人数は足りているけれど、ポジションがなかったらがっかりするだろうな。 ・こんなに不安そうに見ている。よほどいっしょにやりたいんだな。 ・困ったな。でも仲間に入れてやらないとかわいそうかな。 ・こんな小さい子ができるポジションなんかあるかな。 ◎「レフトレフト」と言われたとき、ヨッちゃんは、どんな気持ちで走りだしたでしょう。	・資料に入る前に、「幼稚園の子から6年生までいっしょに遊べるだろうか」と投げかけておく。 ・役割演技を通してヨッちゃんの気持ちと、6年生の、小さい子に困惑しながらも何とか適切なポジションを考えようとする思いやりに気づかせる。 ・ワークシートに、ヨッちゃんの気持ちを書かせること

		・ああよかった。一緒に遊んでもらえないかと思った。 ・がんばるぞ。お兄ちゃんありがとう。 ・レフトの後ろだって。でも入れてもらえたからいいか。 ・ぼくも、あんな優しいお兄さんみたいになりたいな。	により、小さい子どものうれしい気持ちを想像させ、共感させる。
	3．年下の子や友だちに対する接し方を振り返る。	○あなたは、年下の子や友だちの気持ちを考えて何かしてあげたことがありますか ・登校班の1年生の荷物が重そうだったので、持ってあげた。 ・友だちがけがをしたとき、保健室につれていってあげた。	・幼い子や友だちの気持ちを思いやったうえで、親切にしたことがあったかどうかを思いださせながら、本時のねらいを内面的に自覚させる。
終末（5分）	4．友だちの作文を聞く。		・なかよし交流会の作文を読む。

〈例2〉　小学校第6学年の学習指導案

(不破淳一『道徳授業に取り入れたいディベートの論題』明治図書、1997、p.61〜75及び著者の発表資料より作成)

道徳指導案

平成○年○月○日（　）第○校時
○○区立○○小学校6年○組
（男子○名　女子○名　計○名）
指導者　○　○　○　○

1　主題名　奪われ、生かされる命
2　資料名　「ヘビの死骸のスケッチ」（矢口高雄『ボクの学校は山と川』講談社文庫より）
3　主題設定の理由

　　小学校高学年で指導する道徳内容のうち、「自然とのかかわり」の視点からは、生命を持つ動植物との共存・共生の在り方を積極的に考え、自分にできる範囲で自然環境をよくしようとする態度を育てることが大切である。そして、共存・共生の状態とは、生物同士の「食べる・食べられる関係」がシステムとして安定している状態のことである。したがて、自然界においては、生きるために命を奪い、生かすために命を奪われるシステムを認めることが、生命を尊重する態度を身につけることになるのである。

　　しかし、一般に生徒たちは、「きれい」「かわいい」「かわいそう」といった感情で動植物に接することが多い。（例えば「かわいそうだから、他の動物に食べられそうになっている動物を助けてやった」というように。）そこで、生徒にこうした感情と前述の自然界のシステムを尊重する意識とを、自らの内面で調整することの必要性について考えさせ、さらにそうした調整をしていこうとする態度を持つことができるようにすることが、道徳教育や環境教育の上で重要な課題である。

　　この資料は、T君がカエルをのみこんだヘビをにくんでたたき殺し、その死骸をスケッチして授業の時に提出し、カエルとヘビが死んだ状況を説明したところ、教室内がシーンと静まりかえったという内容で、そのあ

との川越先生のコメントにT君が感銘を受けたことが書かれている。この資料を使って、ディベート的な学習活動を取り入れて、ねらいの達成を図りたい。

4 ねらい

自然界における人間の行動の在り方について考え、「自然のシステムを尊重しながら生命を大切にしていこうとする態度」を養う。

5 展開の大要

	主な学習活動	指導上の留意点
導入（10分）	(1)資料を読み資料に示された事実を整理する。 ・ヘビとカエルの関係 ・ヘビとカエルへのT君の思い ・ヘビとカエルに対してT君のとった行動 ・二つの死がもたらされたこと	○児童の読後の感想をいくつか発表させ、授業への参加意欲を高める。 ○事実関係を黒板に図示し、「何が問題となるのか」を見やすくする。
展開（30分）	(2) 下記の論題で、賛成と反対の二つの立場に分かれて討論する。 　T君のしたことは仕方のないことである。 ○考えの根拠をシートに書く。 ○シートの内容を発表する。 ・「カエルを助けたい」という優しい気持ちからの行動だ。	○机間指導により、児童の考えの傾向を知る。 ○発表された考えのポイントを板書し、対立点を見えやすくする。 ○討論の進行に応じて以下のような補助発問をする。 ○「ヘビがカエルの命を奪うこと」と、「T君がヘビの命を奪うこと」では、どのような違いがありますか。

・カエルをかわいそうに思う気持ちは大切だ。 ・ヘビに罪はない。「にくったらしいから殺す」では身勝手だ。 ・生き物を殺すことはよくない。 ○発表された内容をもとに討論する。 ・命を救いたいという強い気持ちからの行動だから、仕方がない。 ・T君のような優しさが大切ではないか。 ・弱い者を助けてあげようとする心は大切だ。 ・かわいそうなのはヘビの方だ。 ・ヘビは生きるためにカエルを食べているのだ。そんなヘビを殺してしまうことは残酷だ。	○「かわいそう」なのは、カエルですか、それともヘビですか？ ○「カエルを助ける」ことは、カエルをたべることによって生きている動物の命を奪うことになってしまうのではないですか？ ○あなたがかわいがっている動物が食べられそうになっても、「仕方がない」などと言えるのですか？ ○「食べられそうになっている動物を助けること」と、「動物が食べられそうになっても黙って見ていること」。どちらが「生命を大切にしている」と言えますか。

	・人間だって動物を食べて生きている。 (3) T君がとるべきであった「より望ましい行動」について考え、発表する。 ・「T君に対して自分ならどのような言葉かけをするのか」を考え、その内容をシートに書く。 ・グループ内で考えを発表する。 ・同じグループ内で、自分が最も感銘を受けた友人の意見を、全体の場で紹介する。	○T君がカエルに対して抱いた「かわいそう」という思い。ヘビがカエルを食べるという関係で成立している自然界のシステム。この両者ともが大切であることを確認する。 ○グループ内で発表する活動を設定することにより、多くの児童が発表の機会をもてるようにする。
終末 (5分)	(4)「自然界のシステム」を大切にした場合、どのような態度が「生命を尊重すること」になるのか、教師の話を聞く。	○原文にある「川越先生の言葉」を紹介する。 ○時には「死を静観すること」も必要になること、「動物のため」を思ってしたことが、自然界のシステムを乱す場合もあることなどを話す。

6 評価 「命を大切にしようとする思いを尊重すること」と「自然界における『食べる・食べられる関係』を尊重すること」、この両者の大切さを調整しながら自分の考えをまとめることができたか。

※著者注1：終末の「川越先生の言葉」は次の通り。この部分は導入時の配付資料からはカットしておく。

「カエルを助けてやろうと思った気持を、いつまでも大切にしなさい。その気持さえ持っていれば、いつかはヘビも生きんがために、カエルを食わなければならないことがわかるようになる。」

注2：ディベートとは、あるテーマについて肯定側と否定側に分かれて行う討論。審判が勝敗を決定する。学習活動に取り入れるディベート的活動は肯定側と否定側が意見を交換しあう活動を主とし、勝敗は問題としないことが多い。そうした活動を通して、「相手を言い負かす力」でなく「他者の意見や立場を理解し、さまざまな意見や立場を調整・総合するちから」を養うことをめざすものであるといった意味づけがなされている。

〈例3〉　中学校第1学年の学習指導案
（座間市立座間中学校『研究紀要　資料集』平成11年、p.30）

道徳指導案

〇〇市立〇〇中学校
指導教諭　〇〇〇〇
　　　　　〇〇〇〇

1　日　時　平成10年11月4日（水）　第5校時
2　学年・組　第1学年1組（男子25名、女子15名、計40名）
3　主題名　思いやり「内容項目2－(2)」（ティームティーチング）
　　資　料　「親から子への手紙」
4　主題設定の理由
　(1)　ねらいとする価値
　　内容項目2－(2)は「思いやりの心をもち、温かく接していこうとする態度を育てる」ものである。
　　自分が現在あるのは、多くの人に支えられてきたからであることを自覚し、そこから生まれる感謝の心をもって、人に接することの大切さを深く考えさせることをねらいとしている。
　(2)　生徒の実態
　　中学校に入学し、挨拶をはじめとする礼儀などはしっかりできてきている。表面的には大きないじめやトラブルは見られないが、ややもすると自己中心的になりがちである。
　　ＶＴＲの視聴を通して、自己の内面にある思いやりの心に気づかせ、小さな子どもたちに温かい心で接することの意識を高めたい。
　(3)　資料と指導の筋道
　　資料は事前に数人の親に依頼して書いていただいたものである。この資料を通して、親にとって子供はいかに大切な存在であるかを考えさせ、自分たちの行うふれあい体験学習での場面における思いやりについて考えさせ、ねらいに迫りたい。
5　ねらい　思いやりの心をもち、他の人に暖かく接していこうとする態度

を育てる。

6 本時の展開

	学習活動	指導内容(T1)	指導内容(T2)
導入(10分)	・資料「親から子への手紙」を読み、子どもに対する親の気持ちにふれる。 □親の気持ちがよく伝わってくると感じられる手紙をひとつ選び感想を書く。□	┌資料提起　啓発┐ ・資料「親から子への手紙」を朗読する。 ┌親にとって子どもがいかに大切な存在であるかを考えさせ各自に感想を書かせる┐	・資料「親から子への手紙」を朗読する。 ・机間巡視 ・ねらいに近い感想等をT1と連絡する。
展開(30分)	・感想を発表する。 ・親にとって子ども（自分）がいかに大切な存在かを知る。 ・保育園の様子　VTRを視聴する。 □事前打ち合わせに行ったときの感想や期待感あるいは不安感、意識の変化について発表する。□	・それぞれの感想について話をし、啓発を深めさせる。 ┌親にとって子どもがいかに大切な存在であるかを感じさせ、その大切な子どもたちとふれあう体験学習へと展開する。┐ ・それぞれの発表について解説し、小さな子どもたちに対する意識を高めさせる。	・親としての立場で親から子へと思う気持ちを伝える。 ・VTR準備 ・内容を説明し、保育園の子どもたちに意識を持っていかせる。 ・発表を促す。

終末（10分）	事前打ち合わせに行ったときのタイムテーブルに沿って、自分たちが小さな子どもたちにできることやふれあってみたいことを班の中で出し合い発表する。 ・小さな子どもたちに対する思いやりの心を深める。	体験学習に向けて場面、場面での思いやりについて考えさせる。 思いやりの心について子どもたちの意識を高めさせる。	・机間巡視 ・ねらいに近い感想等をT1と連絡する。 ・思いやりの心についての気持ちを伝える。

7　評　価　(1)　親や小さな子どもたちに対する思いやりについて考えさせることができたか。
　　　　　　(2)　ふれあい体験学習に向けて意識が高められたか。
　　　　　　(3)　班活動等においてティームティーチングを活かした学習活動が展開されたか。

※著者注：この授業はＴ１、Ｔ２という２人の教師が指導に当たっている。
　　　　　「ティームティーチング」については、第６章の注(7)参照。

〈例4〉　中学校第2学年の学習指導案

(安沢順一郎・神保信一編著『改訂中学校学習指導要綱の展開』明治図書、1989、p.164〜166より作成)

道徳学習指導案

　　　　　　　　　　　　　　　　　　　　　　指導教諭　　○○○○㊞

・日　　時　　平成○年○月○日（○曜日）　第1校時（8：50〜9：40）
・学　　級　　第2学年1組（男○名、女○名、計○名）
1　主題名　　真の友情　〔2-(3)〕
2　資料名　　「吾一と京造」（山本有三『路傍の石』より）
3　主題設定の理由

　中学時代は、第2次性徴期に当たり、心身の発達が著しいが、ともすれば心と身体の発達に不つりあいが生じ、不安や悩みが増す時期である。そうしたものを解消する対策として、友達が、親や教師より大切な存在として強く意識されてくることが多い。

　ただ、この期の「友情」は意外に閉鎖的で、仲間はずれにされたくないとの気持ちから自らの判断で行動することなく、いけないことをいけないとも言えず、いたずらに友達に追従していくことも少なくない。友情は、優しい思いやり、助け合いを基調としつつも、時には厳しい面も持つものである。相手に無批判に追従したりすることなく、場合によっては親身になって厳しく忠告することも必要である。

　資料は、山本有三『路傍の石』の一部を抜粋したものであり、時代は古いが、「遅刻」という学校生活に身近な問題を取り上げ、友達関係を中心とした主人公の葛藤を見事に描いている。ゆさぶる意見も出しやすく友情について考えるには適した資料である。

　中学2年生という揺れ動くこの時期に、互いの人格の尊重を基礎として、長所や短所も認め合った上で、信じ合い、自他の向上を願って助け合う真の友情を育てようとする態度を養うことは大切なことである。

4　ねらい

　揺れ動く主人公の葛藤に触れ、友情のあり方について考え、互いの人格を

尊重し、自他の向上を願って助け合う真の友情を育てていこうとする態度を養う。

5　指導の展開

	展開の大要	予想される生徒の反応	指導上の留意点
導入	資料を読んで聞かせる。		・大事なところにアンダーラインを引かせる。
展開	①吾一はなぜ、みんなと一緒に行動しなかったのだろうか。	・遅刻をしたくなかったから。 ・決まりを守ることが大事だから。	・発問をあらかじめ模造紙に書いておく。
	②京造のとった行動をどう思いますか。また立たされても堂々としていられたのはどうしてだろう。	・遅刻するのはよくないが、友達思いの勇気ある行動である。 ・友情を大切にしていることに誇りをもっている。	・吾一と京造の価値観の違いに気付かせる。

	③吾一の心が草の葉のように揺れ動いたのは、どうしてだろうか。そのときの吾一の気持ちについて考えてみよう。	・きまりは守ったが、友情を無視したように思え、迷っている。 ・秋太郎や友達を裏切ったように思えた。	・揺れ動く吾一の葛藤に迫らせる。
	④2人の行動は正しかっただろうか。他の行動をとるとすればどうすればよかっただろうか。真の友情について考えてみよう。	・吾一は思いやりがない。 ・京造は友達を大切にしているが、きまりを守らない。 ・秋太郎が遅刻しないよう取り組むことが友達として大切だ。時には忠告することも必要だ。	・秋太郎をどう立ち直らせるかが真の友情のあり方として大切であることを話し合いの中から明らかにさせたい。
終末	・友情について、今までの自分を振り返り、感じたことをまとめてみよう。	・道徳ノートにまとめる。	・たてまえでなく本音を書くように指導する。

〈例5〉 中学校第3学年の学習指導案

(『道徳教育推進指導資料6．中学校　社会のルールを大切にする心を育てる』文部省、平成9年、p.160～161)

第3学年2組　道徳学習指導案

平成　年　月　日（　）　第　校時

指導者

1　主題名　　社会のきまり　4－(1)

資料名『一座建立』

2　主題設定の理由

(1) ねらいについて

　　中学生になると、自分の所属している集団に対する関心が高まってくる。自分が家族や地域社会の中で育まれてきたことや、学校や学級の一員としての自覚、さらには国家や国際社会といった広い社会の存在を認識し、それらの中で生きている自分を理解するようになるのである。「人間は一人では生きていけない。」と言葉での理解にとどまらず、日々の社会生活や学校における集団生活の中で体感してとらえるようになる。

　　私たちは、集団や社会とのかかわりの中で生活している。人間一人の力では成し遂げられない、長い年月を経た伝統、文化、歴史など、集団や社会の力ははかりしれないものがある。その本物に触れた時には、人間の偉大さに感心したり、畏れ敬う気持ちを強くもつことであろう。このような集団や社会の一員として生活するためには、誰もが守らなければならない社会のきまりを認識することが大切である。

　　よりよい社会を形成するには、社会を維持するための常識を身につけ、集団や社会全体を考えて行動する規範を自ら考え、その規範に従って行動することが大切なことである。人間としての自覚が深まる時期に、社会生活の中で守るべききまりやマナーを大切にする心を養うこと

はとても重要であると考え、本主題を設定した。
(2) 生徒の実態について
　今の中学生の言動をルールとマナーという視点から考えてみると、ルールを守ることは良いことであり、ルール違反をした場合は何かしらのペナルティーを科されてもしかたがないと思っている生徒が大半である。また、ルールを守らないことはいけないことと誰もが考えているように思う。校則や生活のきまり、学級におけるみんなが決めた係活動や給食当番、日直の仕事などは責任をもってよく取り組んでいる。しかし、社会における生活のきまりやマナーになると、生徒それぞれが千差万別な考えをもっていることに気付く。
　たとえば、自転車での一時不停止や二人乗り、ガムや空き缶の投げ捨て、万引きなど規範常識の欠如が指摘されている。許容社会の風潮も一因だが、生徒自身が社会のしくみやルール、マナーなどに無関心であることが大きな原因と考えられる。集団や社会のよりよい形成者になるために、身近な問題から社会のきまりやルールを守ることの大切さに気付かせることが必要である。
(3) 資料について
　本資料は、フランスの青年にテーブルマナーについて考えてもらおうとした主人公の義雄が、青年から反対にいろいろと日本人のマナーについて質問を受けたが、その質問に答えられず思い悩む様子が描かれている。垣根の上に並ぶジュースの空き缶に疑問をもち、「あそこの家に置いていくのは、何か理由がありますか。」と問われて、普段見慣れたはずの垣根や塀の上に並べられた空き缶の光景が義雄の頭から消えなくなる。生徒もこのような光景を見たり、実際に缶をおいてしまった経験もあることだろう。空き缶のみならず、ガムや紙くずなどをごみ箱以外のところに捨ててしまったり、無意識のうちに周囲の人たちに迷惑をかけてしまったこともあるかもしれない。この場面では青年の疑問に義雄がしどろもどろでしか答えられなかったことに着目させ、共感的に義雄の

心情をとらえさせたい。

　さらに、お店における子供連れの家族とのやりとりの後、青年の言葉を聞きまたも返事ができずに何だか泣きたい気持ちでいっぱいになった義雄の気持ちを取り上げ、どう答えたらよいか言葉が見つからない義雄の心情を考えさせたい。そして、お店から出てから、いろいろなことが頭の中をぐるぐるかけまわっている義雄の心情を探ることによって、社会のきまりやマナーの大切さや在り方を模索し、本時のねらいに迫りたい。

3　本時のねらい

　社会生活の中で守るべききまりやマナーの大切さに気づき、自ら進んで社会の秩序や規律を高めていこうとする心情を育てる。

4　本時の指導過程

指導過程	学習活動 （主な発問）	期待される生徒の反応	配慮事項	資料　時間
導入	◎空缶やゴミが捨てられている道路等の写真やスライドを見る。 ・空缶のアップの写真 ・空缶が放置されている道路や公園の様子	◎どこででも見かける光景かもしれないが私たちが捨てているわけではない。 ◎困ったことではあるが、あまり触れてほしくないところでもある。この空き缶はこの後どうなってしまうのだろう。	・過度の不安感を与えたり、人間不信を助長するようなことにならないように留意する。 ・訓育的な指導とならないように気を付ける。	3分 写真 スライド

展開	◎資料の内容を知る。 ・主人公や登場人物に関する条件・状況をとらえる。 ・主人公の気持ちがよく表れているところや心に残る主人公の言動に線を引きながら範読を聞く。 ①普段見慣れたはずの垣根や塀の上に並べられた空き缶の光景が頭から消えなかった義雄は、どんなことを考えているのだろうか。	◎資料の内容に関心をもつ。 ・義雄がテーブルマナーについて不安で仕方がない情況がよくわかる。 ・お店を出た義雄はどんなことが頭の中をぐるぐるかけまわっているのかがだいたいわかる。 ・友達なども日曜日に空き缶を捨てるともなく、気軽においているのであまり気にはならなかったが、良いことではないことはわかる、がこのままでいいのだろうか。	・義雄とフランスの青年の会話部分をていねいに扱うことにより、義雄がどんなことを感じどんなことに心が揺り動かされたのかを大切にしたい。 ・反省を促すような指導とならないように気を付ける。 ・青年の言葉に着目させ新鮮なアドバイスを受けとめさせたい。	7分 読み物資料 35分

②言い過ぎていたらごめんなさいと言われて、返事ができないでいる時の義雄の気持ちはどんなだろうか。	・社会のきまりやマナーについて無関心であったことが恥ずかしい。 ・よくみなれた光景にどうしてこんなにこだわるのだろうか。	・青年の質問に応えられない義雄の社会のきまりやマナーについて無関心だった気持ちを浮き彫りにしたい。
③「一座建立」のことを聞かれ、義雄はまたも返事ができず、何だか泣きたい気持ちでいっぱいになったのはどうしてだろうか。	・青年のさびしいという言葉が心に響き、「一座建立」の青年の話も日本人として説明できない自分が情けない。自分は社会やルールのことに関心がなかったのではないか。	・日本の文化を紹介するはずの義雄が反対に教えられた思いがして恥ずかしく感じたり、自分の考えがまとまらないもどかしさに気付かせたい。

場面絵

	④お店を出て、屈託なく話しかける青年とは裏腹に、いろいろなことが頭の中をかけまわっている義雄は、いったいどんなことを考えているのだろうか。	・その場に居合わせた人みんなでよりよい社会をつくるという気持ちを自分たちで高めていかなければならないのではないか。 ・自分自身の中の社会のきまりの物差しをどのようにつくっていけばよいのだろうか。	・異文化をこえた人間理解に基づいて、社会生活の中で守るべき正しい人の在り方や接し方についての考えを深めさせたい。	
終末	◎本時のまとめをする。	・ルールやマナーを自ら定め、実践している著名人のエピソードを紹介して本時の余韻が残るようにする	・生徒がよく知っている著名人のエピソードを紹介する。 ・心に残る言葉を学級掲示とし、事後の指導に生かすようにする。	5分

《その他の教育活動との関連》
　〔学級活動〕
　　・中学生となって、日々の学級活動や学校の諸行事を通して、集団とのかかわりの中で自ら気をつけている事やお互いがより生活しやすくなるようなマナーの在り方について模索する場を多く与える。
　　・学校の教育活動全体を通じて、人間としての生き方についての自覚が高まるような指導の工夫や改善を考えていく。

※　著者注：「一座建立（いちざこんりゅう）」とは、猿楽（さるがく）（平安時代の芸能。後の能・狂言のもと）などで、一座（興行の一団）を経営して立ち行かせること。そこから、その場に居合わせた人がみんなでよりよい状況をつくることを意味する。資料の中では、日本庭園の中の茶室の床の間にかけられた掛け軸に書かれた文字である。

〈例6〉 中学校の学習指導の一例
　　　　（『道徳教育推進指導資料3　中学校読み物資料とその活用－「主として自然や崇高なものとのかかわりに関すること」－』文部省、平成5年、p.76～77）

牛のお産

1　ねらい

　生命誕生の難しさと偉大さに気付かせ、生命あるものは互いに支え合って生きていることを深く自覚して、かけがえのない命を慈しみ大切にする心情を育てる。〔3－(1)〕

2　資料の特質

(1)　出典　星　寛治『かがやけ、野のいのち』（ちくま文庫）

(2)　対象学年　第一学年又は第二学年

(3)　資料の内容

　この資料は、牛の出産を通して、命の誕生の難しさや尊厳さを淡々とした筆致で表現している。待ち望んでいた子牛の誕生が思わぬ難産となり、周囲の援助のかいなく誕生後死んでしまう。母牛だけは努力のかいあって一命をとりとめる。牛のお産という経験を通し、牛の苦痛や哀楽を共にすることにより生命の尊さに気付く筆者の心情が描かれている。

(4)　資料の生かし方

　生命を尊ぶ心情の育成は、自己の存在の根本にかかわる重要な課題である。人間は「死への恐怖」を常に抱えながら生きているが、それは、命の誕生とともにすでに始まっている。

　本資料は、一頭の牛のお産をめぐって、筆者やその家族はもとより多くの人間がこれとかかわる姿が取り上げられている。異常な出産で牛の生命が危ぶまれるという状況での、筆者の緊迫した心情やその変化、他の人々の考え方や行動、一生懸命手当てをしたにもかかわらず子牛が死んでしまうという不幸なできごとを通して生命の尊厳さや死の厳粛な厳しさを感得させることができる。

3　事前指導の工夫

　動植物の生命を軽視する傾向が若い世代に進みつつある。牛の出産の様子については、ほとんどの生徒が知らないであろう。事前に教科の学習や学級活動の時間を活用し、牛の正常な分娩や飼育の様子を視聴覚教材等を準備し視聴させるとか、生徒自身の誕生した時のことについて、母親からのメッセージが準備できるならこれを読むなどさせて、この事例への理解を容易にする。

4　展開例

例1　牛の出産をめぐって、筆者の緊迫した心情をたどりながら、一個の生命誕生の困難さや偉大さを考えさせる。

- ○　「さすがに乳牛だな」と感じた筆者は、どんな気持ちだったのだろうか。
- ○　「すぐ迎えにゆくから、なんとかお願いします」といった時の筆者はどんな気持ちだったか。
- ○　なぜ獣医さんは「なんでこんなになるまで放っておいたのだ」と一喝したのだろう。
- ○　母牛の乳を一生懸命飲ませてやったのに、ついに子牛が死んでしまった時の筆者はどんな気持ちだったか。
- ○　「牛が苦痛の波にもまれているときは、わたしたちも苦しかった」「産み落としたときの安堵感は、家族と同じように味わうことができた」とはどういうことなのか。

例2　手当の結果やっと誕生した子牛が死んでしまうという厳しい現実を直視させ、生命の誕生が死と隣り合わせであることに気付かせる中で、生命の尊厳さについて考えさせる。

- ○　大事に飼っていたペットの死や、ペットの赤ちゃんが生まれた時どんな気持ちがしたか。
- ○　母牛が「目から大粒の涙をこぼしている」とき筆者はどんな気持ちだったか。

○ 「人間と家畜という垣根をこえて」筆者が思い、感じたこととはどんなことだったのだろうか。
○ 自分が生きているということの意味を考えさせる。
5 指導上の留意点及び工夫
　・片方の手を折り曲げてつかえることや、逆子の例などを話し、人間にも、この状態では出産が非常に危険であることを理解させる。終末で、十九頁の詩を活用することも考えられる。
・出産や介抱にかかわった人々の心の動きを掘り下げることによって、ねらいとする価値の自覚に迫る。
・出産や死を素材とした他の資料とも併用するなど、補助資料の活用を工夫することによって指導を深めるように心がける。
6 評価の工夫
・授業中の発表や道徳ノートなどの記述の内容から、筆者の生命を慈しむ心情がとらえられたかを評価する。
・資料の行間にある筆者のおもいに共感させながら、人間の力を超えた偉大な力を心に揺り動かすことができたかを評価する。
7 事後指導の工夫
・資料や道徳の時間のようすを家庭に知らせるとともに、生徒の出産の時のようすを話題に家庭で話し合うことを薦める。
・動植物とかかわりをもつ豊かな自然体験活動を積極的に行う。
8 その他
　　かけがえのない生命が与えられていることに喜びと感謝の念をもち、他の生き物の生命も尊重しながら、それらとの調和の中で、人間としての生き方について自覚を深めさせる。
※著者注・5の「十九頁の詩」とは吉原幸子氏の「あたらしいいのちに」という詩で、母親が出産の痛みに耐えながらも生まれてくる我が子を励ましている内容のものである。

資料 5　道徳の時間の授業参観時の記録の例
　　　　　（『中学校　道徳教育指導上の諸問題』文部省、平成2年、
　　　　　p.99～103）

〈例1〉 B校での授業参観時の記録

主　題　名：
授業実施日：平成　年　月　日（　）
授業学年組：　　学年　　組

	授業参観における視点	気付いたこと
授業前	1．教室環境	・教室の壁面には、適切に掲示物がはられており、見やすく工夫されている。 ・カーテンもきちっと止めてあり、花の鉢があり、授業にふさわしい落ち着いた雰囲気をかもし出している。
	2．生徒の様子	・チャイムの合図で全員が着席し、教師の入室を待ち望み、道徳ノートを開いて前時の授業を振り返っている生徒も見受けられた。 ・週番の号令で挨拶。少し姿勢のよくない生徒がいたが、教師は「背筋を真っ直ぐに伸ばし、もう一度あいさつをしましょう」と注意。いきとどいた指導と思われる。

	3．指導案 ・主題設定の理由 ・ねらい ・指導過程	・指導内容についての教師の考え方がはっきり示されており、学級の実態も具体的につかんでいる。 ・学級の実態を踏まえたねらいとなっている。 ・時間的な配分はよい。資料理解のために資料に出てくる道具等の補助資料を用意するのはよいが、やや多すぎる。 ・指導の流れがよくわかる展開で、すっきりとまとめられている。
授業中	1．生徒の態度	・主題に対して積極的な取り組みが見られる。無責任な発言はない。よく考えている。
	2．教師の態度	・資料の読みもよく、一人一人の生徒の発表をしっかり受け止めて指導している。授業に生徒をうまく引き付けている。
	3．授業展開	・全体の流れはよい。山場での盛り上げと時間の配分に工夫がほしい。まとめでの教師の説話はじーんと余韻の残る話であった。平素から、こうした説話の資料収集に心掛けていることが分かる。
	4．発表	・生徒の挙手や教師の意図的指名もあり、考えを深めるためのグループでの発表等、多様な考えを引き出す工夫がみられた。

	5．板書	・うまく整理された板書であった。文字の大きさ、板書量は適正であるが、やや文字が粗雑である。色チョークの使い方はよい。短冊を併用すると、一層板書の効果があがるものと思う。
	6．資料	・読み物資料は、中学生にとって適切な資料である。生徒にとって一度は経験のあることで、生徒の心を豊かにするよい資料である。
授業後	1．事後指導	・利用した道徳ノートはあまり時間をおかないで目を通し、励ましやアドバイスのペンを入れるとよい。 ・授業を通して気になる生徒の指導は、別に機会をとらえて継続していきたい。
	2．計画の改善への配慮	・指導案や年間指導計画の備考欄に、改善したい点や授業の感想を記入しておくとよい。

☆　改善した方が良いと思う点

〈例2〉　C校での授業参観時の記録

主題名		真の友情	指導内容項目	Ⅱ－3
		参観における視点	気付いたこと	
指導案について	1	学習のねらいがはっきりしているか	・生徒の実態を踏まえた上で、具体的なねらいにする必要がある。「相手を尊重し、互いに向上していくような友情を育てる」→「相手を尊重し、忠告し励まし合いながら、互いに向上していく」としてはどうか。	
	2	生徒の道徳性の実態分析ができているか	・一般的な傾向にとどまらず、授業の具体的なねらいについてのクラスの実態を分析し、把握しておくこと。	
	3	ねらいにかかわる生徒の課題を明確に把握していたか	・2からの課題を明らかにする。友人に嫌われても忠告している実態は、現在、ほとんどみられないので、このことを踏まえて指導案を立てること。	
	4	指導過程の組み立てはよいか	・導入、展開、終末に区分している。展開では、筆者の心の動きに焦点を当てて組み立ててあり、授業の流れもよく分かる。 ・学級の実態を踏まえた指導上の留意点が記入されていて、指導案を見ると授業の全体像が浮かんでくるようである。	

資料について	1	ねらいに合った資料であったか	・生徒の生活で起こりがちな場面設定がなされていて、ねらいに対する心の揺れがあらわに出ており、自分の生活を重ねて考えさせられるよい資料である。
	2	学習意欲をもり上げるための資料であったか	・中学生を題材にしているせいか、強い関心をもって授業に取り組んでいた。
	3	生徒一人一人が資料をよく読み取ることができたか	・会話文は情感をこめ、登場人物の気持ちになって朗読され、資料の読み取りはよくできた。読みが、少し速いように感じたところもある。
	4	課題をもって資料を読み取っていたか	・資料を読むまえに「筆者のひとみに対する気持ちの変容を考えよう」等で示しておくとよい。
	5	ねらいと直接関連する資料の場面を使い切ることができたか	・資料の４つの場面をよく生かし、筆者の心の動きをよくとらえさせていた。
	1	発問の意図が明確にされていたか	・問題の解き方を教えてくれないひとみさんをどう思いますか——では、良い子悪い子で終わってしまう。それに対する筆者の気持ちを考えさせることにより、ライバル意識や感情の行き違いで友情が壊れかねない、人間の弱さを自覚させる発問にしたい。

発問と助言指導	2	いつ、どこで、なにを、だれが……といった資料のことば探しになるような発問が多くなかったか	・このことを確かめないと考えが深められない場合もあるが、本指導に関してはない。
	3	主人公の気持ちや行動の根底にある考え方に気づかせる発問を工夫したか	・「……と言っているが、筆者はどんな気持ちから言ったのか」等の発問はよい。
	4	自分の生き方をかえりみるような発問を工夫したか	・「筆者の友情に対する考え方に対して自分の考えはどうであったか」等の発問がほしい。
	5	生徒の多様な考え方を引き出す発問を工夫したか	・「A君のこのような考えに対して、B君はどう考えますか」などと工夫していた。
	6	生徒の考えをよく聞いて一人一人の発言を受け止めていたか	・よく受け止めていた。しかし、受け止めた発言をすべて取り上げるのでなく、ねらい達成のために必要なものを取り上げるように、整理すること。
	7	生徒の発表を賞賛したり、激励していたか	・C君は自分の考えを励まされて、うれしそうであった。その考えを大切にしていこうとしているようだった。
	8	生徒相互の話し合しを進める助言があったか	・「隣の人と話し合ってみなさい」と相互に話をさせていた。

生徒の反応	1	興味や関心をもって授業に参加していたか	・真剣な表情や態度で授業に取り組んでいた。
	2	十分考える余裕をもたせて生徒に発表させていたか	・発問をして反応がないからといって次々と発問を連発したり、発問内容を変えることはやめたい。 ・教師の意図的指名もあり、発表数は適度と思われる。
	3	考えを深めるため、グループ等で意見を交換させる工夫があったか	・本時では話し合いをさせていた。
	4	大きい声で、はっきりと最後まで発表していたか	・やや声が小さいが、語尾はしっかりしていた。
	5	机間指導をして、子どもの反応を確かめていたか	・メモをさせたときは机間指導をして生徒の意見を整理し、後の展開に生かすことが大切である。
	1	ねらいとする内容項目が達成されたか	・「自分もよく似たことがあって、互いにぎくしゃくしてすっきりしなかったのは、心を開いて素直に思うことを言わなかったからだと分かった」「友人にいやがられることを恐れていたのが誤りだと分かった」等の発表から、ほぼねらいは達成。

授業への評価	2	考える筋道や違いの分かる板書を工夫していたか	・資料を分析し、心の変容と資料の内容事項を対比させて板書がなされており、理解しやすいものになっていた。
	3	個別指導の配慮がなされていたか	・発表態度や姿勢についての指導があった。
	4	自己を高める指導が工夫されていたか。	・そのためには、もう少し時間がほしい。
	5	適切な説話が用意されていたか	・用意されていながら、時間の都合で話さなかったのは悔やまれる。

〈著者紹介〉

大　森　　　弘（おおもり　ひろし）

神奈川県生まれ。
東京教育大学文学部哲学科（倫理学専攻）卒業。
その後、神奈川県立高等学校教諭、同教育センター室長、同高等学校教頭・校長、大学講師・カウンセラーなどを経て、
現在　八洲学園大学客員教授、日本家庭教育学会常任理事、親学推進協会専務理事、日本カウンセリング学会・日本道徳教育学会・日本教育心理学会会員。学校心理士、上級教育カウンセラー、家庭教育師。

（共著）
「情操・意志・創造性の教育」（昭和44年、第一法規）
「高等学校学習指導要領解説　社会編」（昭和54年、文部省）
「現代社会で人間を考える」（昭和56年、東京書籍）
「生徒指導ハンドブック」（平成4年、神奈川県教育委員会）
「未来をひらく道徳教育の研究」（平成10年、保育出版社）

（単著）
「学校における道徳教育とカウンセリング」（平成5年、オーロラ社）

新版　道徳教育の研究
── 子どもたちに生きる喜びを ──〔第2版〕

1999年5月10日　初版第1刷発行
2000年8月1日　新版第1刷発行
2009年4月10日　新版第2版第1刷発行
2011年3月20日　新版第2版第2刷発行

著　者　　大　森　　　弘
発行者　　阿　部　耕　一
〒162-0041　東京都新宿区早稲田鶴巻町514番地
発行所　　株式会社　成　文　堂

電話　03(3203)9201(代)　振替　00190-3-66099
Fax　03(3203)9206

印刷・製本　藤原印刷
© 2009 H.Omori　　Printed in Japan
☆乱丁・落丁本はおとりかえいたします☆　検印省略
ISBN978-4-7923-6094-8 C3037

定価（本体1800円＋税）